D1924595

hänssler

BODO VOLKMANN

AUF DER SUCHE NACH DER ZEIT

»Ich plane immer alles so gut,
bevor ich es nicht schaffe«,
sagte Dummke.

Bodo Volkmann, gebürtiger Berliner des Jahres 1929, Studium der Mathematik, Physik und Philosophie. Von 1964 bis zu seiner Emeritierung 1994 Professor der Mathematik an der Universität Stuttgart. Volkmann war bzw. ist an leitender Stelle in mehreren christlichen Bewegungen und Organisationen tätig, so 1967 – 1971 als Vorsitzender der International Fellowship of Evangelical Students und seit 1974 Präsidiumsmitglied im Christlichen Jugenddorfwerk Deutschlands. Seit 1956 verheiratet; vier erwachsene Töchter.

Hänssler-Taschenbuch
Bestell-Nr. 392.638

© Copyright 1996 by Hänssler-Verlag,
Neuhausen-Stuttgart
Umschlaggestaltung: Martina Schmidt
Titelfoto: Bildagentur Mauritius
Printed in Germany

INHALT

VORWORT

Vor mir liegt ein neuer Terminkalender für das kommende Jahr. Ich freue mich über 365 leere Seiten und beginne gleich mit den ersten Eintragungen. Bestimmte Termine stehen schon fest: berufliche Verpflichtungen, Sitzungen, Tagungen, Einladungen zu Vorträgen, Familienfeste. Gut, daß ich sie im Überblick vor mir habe; denn nur so kann ich erkennen, wo noch Zeiten frei sind für einen Erholungsurlaub, einen Lehrgang zur persönlichen Weiterbildung, zu einer kurzen Kulturreise nach Rom, die wir schon seit längerer Zeit vorhaben.

Natürlich steht vieles vom Ablauf der kommenden 365 Tage von vornherein fest, ohne daß ich es im Kalender einzutragen brauche. Denn die meisten Dinge, die ich im Laufe eines Tages oder einer Woche tue, sind dem zeitlichen Ablauf nach selbstverständlich, vielleicht sogar Routine. Dazu gehören die alltäglichen Dinge wie Mahlzeiten, schlafen, rasieren usw. Dazu gehört auch die tägliche Fahrt zu meinem Arbeitsplatz: je 30 Minuten für Hin- und Rückfahrt. Dazu gehört meine Gewohnheit, bestimmte Dinge auf ganz bestimmten Seiten in der Zeitung zu lesen oder einmal am Tag, wenn ich dazu komme, Fernsehnachrichten zu hören.

Aber ist dies eigentlich Hauptthema bei meinem Umgang mit der Zeit? Während ich einiges im Kalender eintrage, wird mir bewußt, daß es so viele Dinge gibt – kleine, mittlere und ganz große –, die meine Zeit beanspruchen. Und daß vieles im Lauf des kommenden Jahres passieren wird, was ich heute noch nicht wissen und daher auch noch nicht einplanen kann. Ich spüre, wie kostbar die Zeit ist, wie schnell sie verrinnen kann, ohne daß ich zu den wesentlichen Dingen komme, die im Leben Wert haben. Daher möchte ich meine Zeit möglichst sinnvoll verwenden, möglichst gut einteilen. Und während ich so über Fragen der Zeitplanung nachdenke, wird mir bewußt, daß die Zeit eine geheimnisvoll-rätselhafte Seite an sich hat. Was ist diese Zeit eigentlich, die ich als so kostbar empfinde und die inhaltsreich zu gestalten ich mein Leben lang bemüht bin?

Aus dem Nachdenken über diese Fragen ist im Lauf der Jahre das vorliegende Buch entstanden. Mich hat das Problem der Zeit seit meiner frühen Kindheit besonders fasziniert, und ich möchte bestimmte Einsichten und Hilfen weitergeben, die mir im Lauf des Lebens geschenkt wurden. Dabei ist es meine bewußte Absicht, möglichst vielen Seiten des Zeit-Phänomens gerecht zu werden, also nicht nur den rein praktischen, wie sie ja jetzt erfreulicherweise häufig in Kursen und Büchern behandelt werden, sondern auch gerade ihrer Tiefendimension, die etwas mit der Sinnfindung in unserer persönlichen Existenz zu tun hat. Zu meinen besonderen Erfahrungen gehört gerade die, daß sich diese beiden Seiten der Zeit auf keinen Fall voneinander trennen lassen, wie es häufig geschieht.

Dieses Buch ist daher nicht nur für Manager und für andere Führungskräfte gedacht, die über Zeitmangel klagen. Es wendet sich ebenso an alle Zeit-Normalverbraucher und selbstverständlich auch an diejenigen, denen manche ihrer Tage oder Jahre ereignisarm und inhaltsleer vorkommen, so als ob sie zuviel Zeit hätten. Denn es wird sich zeigen, daß wir alle – gleichgültig, zu welcher dieser drei Gruppen wir uns vorrangig rechnen mögen – letztlich beim Umgang mit der Zeit vor dem gleichen zentralen Problem stehen, nämlich ihren tieferen Sinn so zu entdecken, daß wir zu einem erfüllten Leben finden.

Nach meinen Erfahrungen hat der Umgang mit der Zeit neben tragischen und ernsten Seiten mitunter auch heitere. Deshalb sind in den Text gelegentlich einzelne Bemerkungen eingestreut, die nicht ganz erst gemeint sind. Sie sind kursiv gesetzt, *damit der ganz ernst einge-*

stellte Leser sie um so besser überspringen kann. Insbesondere möchte ich diese Gelegenheit benutzen, um einiges von den Erfahrungen und Auseinandersetzungen meiner beiden Freunde Oskar Dummke und Thomas Schlauke zu berichten, mit denen ich so oft selbst im Gespräch bin, zumal ich so manche der hier behandelten Fehler und Schwächen beim Umgang mit der Zeit nur allzu gut aus eigener Erfahrung kenne. Andernfalls wäre dieses Buch wohl kaum entstanden.

Stuttgart, im Frühjahr 1996
Bodo Volkmann

1. DIE VIELEN SEITEN DER ZEIT

1.1 Die physikalische Seite

Was die Zeit ist, meinen wir zu wissen; denn wir »erleben« ja ständig ihren Fluß, solange wir bei wachem Bewußtsein sind. Wir spüren sozusagen unmittelbar, wie aus Zukünftigem Gegenwart und gleich darauf aus Gegenwart Vergangenheit wird. Aber dennoch führt uns der Versuch, die Zeit zu definieren, bei genauerem Nachdenken noch immer auf die gleiche Schwierigkeit, der sich schon Augustinus gegenübersah, als er im Buch XI seiner »Confessiones« schrieb: »Was also ist die Zeit? Wenn mich niemand danach fragt, weiß ich es; wenn ich es aber einem, der mich fragt, erklären sollte, weiß ich es nicht.«

Daß sich ein denkender und zugleich sensibler Mensch irgendwann auf die Suche nach der Zeit macht und über ihr Wesen nachsinnt, hat nicht nur etwas mit seinen vordergründig-praktischen Problemen zu tun, also etwa damit, daß sie ihm häufig zu knapp wird. Wir spüren, daß die Zeit uns von Augenblick zu Augenblick unmittelbar betrifft, da wir untrennbar mit ihr verbunden sind – viel mehr als mit dem Raum, in dem wir uns ja innerhalb bestimmter Grenzen frei bewegen können. Im Raum können wir mitunter in eine andere Gegend auswandern, in der Zeit jedoch nie nach eigenem Ermessen in ein anderes Jahrhundert oder auch nur einen anderen Tag.

Die Zeit, so zeigt sich, hat viele Seiten, und es mag sein, daß wir die physikalische darunter als die einfachste ansehen. Denn die Physik beschreibt ihre Begriffe, soweit dies möglich ist, durch Meßverfahren.

Die Grundeinheit der Zeitmessung, die Sekunde, wurde seinerzeit durch die bekannte Unterteilung des Tages in 24 Stunden zu 60 Minuten zu 60 solchen Sekunden eingeführt, auf die wir im Abschnitt 1.2 im Zusammenhang mit der Kulturgeschichte nochmals zurückkommen werden. Nachdem sich jedoch zeigte, daß diese Definition aus astronomischen Gründen zu (extrem minimalen) Veränderungen in der Länge einer Sekunde führt, wurde 1967 die Definition in einer neuen Konvention mit unglaublicher Genauigkeit präzisiert als die Dauer von 9 192 631 770 Schwingungen des Cäsium-Atoms. Die heutige Technik ermöglicht es, Vorgänge einer Dauer von Millionstelsekunden zu messen und auch zu filmen, wobei die kleinsten bisher gemessenen Zeiträume noch um einige Zehnerpotenzen darunter liegen.

Aber wissen wir deshalb schon, was die Zeit ist, wenn sich alle uns interessierenden Zeiträume aus so exakt meßbaren Sekunden zusammensetzen? Hier zeigt sich, daß selbst die Physik in ihrem Bereich die Diskussion um den Zeitbegriff noch nicht abgeschlossen hat. Zwar legte Newton seiner Theorie den Begriff einer absoluten Zeit zugrunde, die im Prinzip für alle Beobachter im Weltraum, unabhängig von Ort und Geschwindigkeit, gleichartig verläuft. Seine bahnbrechende Leistung bestand darin, die seit Kepler bekannten Gesetze über die Bewegung der Planeten um die Sonne auf ihren bekannten Ellipsenbahnen allesamt aus ganz einfachen, allgemeinen Gesetzen herzuleiten und damit zu zeigen, daß hier eine durchschaubare, harmonische Ordnung besteht. Auch die zum Teil viel komplizierteren Bahnen der heutigen Raumfahrzeuge lassen sich nach den Gesetzen der Newtonschen Mechanik korrekt vorausberechnen.

Später jedoch zeigte sich, daß Newtons Vorstellung von der absoluten Zeit versagt, wenn sich ein physikalischer Körper mit einer Geschwindigkeit in der Nähe der Lichtgeschwindigkeit bewegt. Nach einer Einsteinschen Formel nimmt in diesem Fall die Masse des Körpers mit der Geschwindigkeit zu. Würde ein Raumschiff sich mit halber Lichtgeschwindigkeit bewegen, was natürlich nur in Science-Fiction-Romanen technisch möglich ist, dann würde seine Masse im Verhältnis zur Ruhmasse um rund 15 Prozent größer sein, und im gleichen Verhältnis würde die Zeit auf den Borduhren langsamer laufen.

»Hier verstehe ich Einstein überhaupt nicht«, sagte Dummke, »denn in meinem Bekanntenkreis haben doch umgekehrt gerade die Leute die größere Masse, die sich am langsamsten bewegen.« Aber sein Freund Schlauke meinte, das hätte ganz andere Gründe, keine physikalischen, und würde auch so allgemein nicht stimmen.

Überhaupt hat die allgemeine Relativitätstheorie von Einstein gezeigt, daß die Zeit viel enger an den Raum gekoppelt ist, als Newton sich hätte träumen lassen. Wenn man sie mathematisch zu den drei Raumdimensionen als vierte Dimension hinzunimmt, dann hängen die Gesetze der Physik von allen vier Koordinaten dieses Raum-Zeit-Kontinuums ab. Im Schwerefeld großer Massen krümmt sich der Raum, und die Zeit verläuft dort schneller als anderswo.

Aber auch Einstein hatte in der Frage des physikalischen Zeitbegriffs nicht das letzte Wort. Gerade neuerdings ist sie wieder aktuell geworden, vor allem auch in Verbindung mit der Suche nach einer physikalischen Begründung für die Tatsache, daß die Zeit nicht umkehrbar ist, sondern ständig in einer der beiden Richtungen fortschreitet und nicht wie der Raum geschlossene Bahnen mit der Rückkehr zum Ausgangspunkt zuläßt. Ein wichtiger Begriff dabei war schon im 19. Jahrhundert die sogenannte Entropie im Weltall, die ein Maß für den Grad des (im statistischen Sinn) herrschenden Chaos darstellt. Aus der Tatsache, daß diese Entropie immer nur zunehmen kann, läßt sich ein nicht umkehrbarer Alterungsprozeß des Universums ablesen. Doch hat sich diese Erklärung als nicht ausreichend zum Verständnis der physikalischen Zeit erwiesen, weil es in der Natur auch Vorgänge gibt, bei denen die Materie sich selbst organisiert, das Chaos also nicht zu-, sondern abnimmt. Hier haben in jüngster Zeit die Forschungen der Physiker Ilja Prigogine in Brüssel und Hermann Haken in Stuttgart zu einem vertieften Verständnis des Zeitbegriffs geführt, und doch ist die Suche nach der Zeit auch in der Physik noch in vollem Gang.

1.2 Die kulturgeschichtliche Seite – Kalender und Uhrzeit

Die beiden wesentlichsten Zeitperioden, die uns die Natur vorgibt, sind der Tag und das Jahr, also die Dauer einer Erdumdrehung um die eigene Achse und eines Erdumlaufs um die Sonne. Diese beiden Grundeinheiten hat der Mensch vorgefunden und erkannt, lange bevor es Kalender, Uhren oder Fernrohre gab, und jede menschliche Zivilisation hat sich nach ihnen gerichtet, auch wenn die genaue Kenntnis der Länge des Jahres bereits astronomische Beobachtungen voraussetzt, die erst auf einer etwas höheren Kulturstufe einsetzten. So waren bei den alten Kulturen der Babylonier, Ägypter, Chinesen oder Inder die Kalenderjahre noch recht unterschiedlich lang; z. B. gab es in Indien Jahre von 354, 360 und 366 Tagen.

Waren also die Länge von Jahr und Tag dem Menschen durch die Natur vorgegeben, so blieb es ihm selbst überlassen, wie er die Tage im Jahr zu überschaubaren Abschnitten zusammenfassen wollte. Hier hat die bei uns übliche Woche von sieben Tagen, wie sie in der Bibel bereits im Zusammenhang mit der Erschaffung der Welt erwähnt wird, eine uralte Geschichte. Sie war auch bereits im 2. Jahrtausend vor Christus bei den Babyloniern gebräuchlich. Von den Juden, deren religiöses und gesellschaftliches Leben ja ganz auf den Wochenrhythmus ausgerichtet war, kam die Einteilung der Tage in Wochen später zu den Römern, von dort zu den Germanen und anderen Völkern.

Auf dem Kalender bereitet die Woche insofern keine Schwierigkeiten, als ja bekanntlich – im Gegensatz zum Monat – die Tage der Woche stets über das Jahresende hinaus einfach weitergezählt werden. Sonst wären, da weder 365 noch 366 durch 7 teilbar ist, Wochen mit unterschiedlich vielen Tagen nötig, wie dies bei den Monaten der Fall ist.

Wiederholt wollten in der jüngeren Geschichte atheistische Revolutionen die Woche durch die Dekade (Zehn-Tage-Periode) ersetzen, so die Französische Revolution von 1789 und die kommunistische von 1917. Eigenartig und für uns Christen bemerkenswert ist die Tatsache, daß dies beide Male mißlungen ist. In der Sowjetunion ließ sich die Abschaffung der Woche nicht einmal bei den Parteimitgliedern allgemein durchsetzen, und so blieb es selbst in den finstersten Zeiten des Stalinismus dabei, daß jeder siebte Tag Sonntag hieß, im Russischen »*woskressenje*«, also Auferstehung. In diesem Punkt hat also die russische Sprache mehr christlichen Inhalt aufgenommen und beibehalten als z. B. unsere deutsche.

Viel schwieriger war in der Kulturgeschichte immer die Unterteilung des Jahres in Monate oder vergleichbare Perioden, von denen die letzte jeweils mit dem Jahresende abschließen sollte. Von den Juden wurde ein komplizierter, am Mond orientierter Kalender verwendet, dessen Jahre sehr verschieden lang sind (353 bis 384 Tage) und teils aus 13 Monaten bestehen.

»Wahrscheinlich hat sich von damals bei den Beamten bis heute das dreizehnte Monatsgehalt erhalten«, sagte Dummke. Aber Schlauke meinte, das wäre zwischendurch schon ganz anders gewesen.

Ähnliches wie für den jüdischen Kalender galt für die alten Kulturen der Inder, der Babylonier und der Griechen, wenn auch die dabei verwendeten Zahlenregeln sehr unterschiedlich waren, beeinflußt von religiösen oder mythischen Vorstellungen.

Erstaunlich ist in diesem Zusammenhang jedoch, daß in Ägypten bereits im Jahr 238 v. Chr. durch Kanopus ein Kalender eingeführt wurde, der fast schon mit unserem heutigen übereinstimmte: Er sah pro Jahr 12 Monate zu je 30 Tagen sowie 5 Zusatztage vor, ferner alle 4 Jahre einen Schalttag. Er wurde später 46 v. Chr. durch Julius Cäsar im Wesentlichen für das Römische Reich übernommen und gilt, was die Jahreslänge anbetrifft, fast unverändert bei uns bis heute weiter. Der Jahresanfang war bei den Römern ursprünglich 1. März, so daß der Februar als letzter Monat des Jahres schon damals »zu kurz kam«. Übrigens ist noch heute bei allen unseren Monatsbezeichnungen wie z. B. September (damals der siebte Monat) ihre römische Herkunft unmittelbar zu erkennen.

So blieb dieser Julianische Kalender über 1600 Jahre lang in Kraft. Aufkommende Probleme bezogen sich nicht auf den Kalender als solchen, sondern auf die noch neue Verschiebung des Jahresbeginns auf den 1. Januar und vor allem auf die Festlegung christlicher Feiertage. Am schwierigsten war dabei die Diskussion um das Osterdatum, das in einer gewissen Anlehnung an das jüdische Passahfest eingeführt wurde. Dadurch ergab sich ein entfernter Einfluß des erwähnten altjüdischen Mondjahres, und so wird bekanntlich noch heute Ostern (leider!) jeweils auf den Sonntag gelegt, der dem ersten Vollmond nach Frühlingsbeginn folgt, obwohl die Auferstehung Jesu Christi als das grundlegende Ergebnis des biblischen Glaubens überhaupt (1. Kor 15,13) weder etwas mit dem Frühling noch mit dem Vollmond zu tun hat – es sei denn, wir würden nach heidnischer Manier das von dem Auferstandenen geschenkte neue, ewige Leben mit dem Ausschlüpfen der Küken oder dem Sprießen der Osterglocken verwechseln. Aber vielleicht liegt auch hier ein Beleg dafür vor, daß wir in Verbindung mit Ostern (bis in diese Bezeichnung in unserer Sprache hinein) auf unserem Kalender und in unserer Kulturgeschichte einen himmlischen Schatz in einem sehr irdischen, heidnisch stilisierten Gefäß (vgl. 2. Kor 4,7) haben.

Was schließlich im Jahr 1582 den Papst Gregor zu einer Kalenderreform veranlaßte, hatte keine religiösen, sondern astronomische Gründe. Denn nach dem Julianischen Kalender betrug die mittlere Jahresdauer offensichtlich 365,25 Tage, wobei ja ein Vierteltag durch die Regel zustandekam, daß jedes vierte Jahr als Schaltjahr einen 366sten Tag hatte. Das tatsächliche Jahr, so hatten die Astronomen inzwischen jedoch bemerkt, beträgt nur 365,2422 Tage, ist also um rund 11 Minuten kürzer als das Julianische Kalenderjahr. Diese minimale Verschiebung, so kann man leicht nachrechnen, kumuliert sich in etwa 130 Jahren jeweils zu einem ganzen Tag, so daß nach rund 1600 Jahren der Julianische Kalender um mehr als zehn Tage »nachging« und sich die Jahreszeiten entsprechend verschoben hatten. Papst Gregor suchte dies zu korrigieren, indem er verfügte, daß 1582 auf den 4. Oktober unmittelbar der 15. folgte, und für die Zukunft sah der neue Gregorianische Kalender zwei weitere Regeln vor: in den Jahren, die durch 100 teilbar sind, entfällt der 29. Februar, ausgenommen jedoch Jahre wie 1600, die sich durch 400 teilen lassen. Während also die Jahre 1700, 1800 und 1900 keine Schaltjahre waren, stellt für uns der 29. Februar 2000 eine Ausnahme von der Ausnahme von der Ausnahme dar, die nur alle 400 Jahre einmal vorkommt.

Mit diesen drei Schaltjahr-Regeln erreicht der Gregorianische Kalender offensichtlich eine mittlere Jahresdauer von 365,2425 Tagen, was nur um rund eine halbe Minute über der erwähnten exakten Dauer liegt. Dieser

Kalender ist also erstaunlich genau. Er benötigt, theoretisch gesprochen, die nächste geringfügige Verbesserung nur insofern, als man innerhalb seiner Systematik in den Jahren 3200, 6400, 9600 usw. die dritte Schaltjahr-Regel aufheben und den 29. Februar streichen müßte. Doch hat heute niemand ein praktisches Interesse daran, eine solche vierte Schaltjahr-Regel schon jetzt einzuführen.

Aber trotz eines so hervorragend verfeinerten Kalenders sind für uns die Dauer des Tages und des Jahres mit einer Reihe von weiteren Schwierigkeiten verbunden. Zunächst wäre es unzweckmäßig, den Tag exakt als die Dauer einer Erdumdrehung zu erklären, wie sie sich nachts am Sternhimmel ablesen läßt. Denn das menschliche Leben ist natürlich viel wesentlicher vom Stand der Sonne am Himmel als von den Sternen bestimmt, und so hat sich als richtige Tagesdauer in der Kulturgeschichte ganz von selbst der mittlere Zeitabstand zwischen zwei Durchgängen der Sonne durch den Mittagspunkt in Südrichtung gewählt. Unser üblicher Tag ist also der Sonnen-Tag. Jedesmal, wenn die Erde sich, von zwölf Uhr irgendeiner Ortszeit an gerechnet, um ihre eigene Achse gedreht hat, ist sie um rund ein 365stel auf ihrer Umlaufbahn um die Sonne herangekommen. Sie muß sich daher um ein kleines Stück weiterdrehen, eben eine 365stel-Rotation, bevor die Sonne, vom gleichen Ort aus gesehen, wieder genau im Süden steht. Dazu benötigt die Erde drei Minuten und 56 Sekunden, so daß also unser Sonnen-Tag um diesen Betrag länger ist als der (im Sinn der Rotation theoretisch korrekte) Stern-Tag.

Es kommt noch hinzu, daß die Erde ja bekanntlich nicht auf einer kreisförmigen Bahn, sondern auf einer leicht abgeflachten Ellipse um die Sonne läuft, wobei diese nicht im Mittelpunkt, sondern asymmetrisch in einem der beiden Brennpunkte steht. Wie man aus der Physik von den Keplerschen Gesetzen weiß, bewegt sich daher die Erde bei geringerem Sonnenabstand schneller als bei größerem. Dieser Umstand führt dazu, daß die Dauer des Sonnen-Tags im Lauf des Jahres erheblich schwankt. Eine »präzise« Sonnenuhr geht daher im November etwa 16 Minuten vor und im Februar etwa 14 Minuten nach. Enttäuscht war daher jener reiche Franzose, der seinerzeit eine spezielle Sonnenuhr bauen ließ, bei der sich jeden Mittag, wenn die Sonne genau im Süden stand, ein Böllerschuß löste. Denn aus dem erwähnten Grund mußte dieses Mittags-Signal eine Ungenauigkeit von bis zu 16 Minuten aufweisen, woran der Konstrukteur jedoch nicht gedacht hatte. Aber selbst wenn die Erde auf ihrer ellipsenförmigen Umlaufbahn um die Sonne mit konstanter Geschwindigkeit laufen würde, wären die Sonnen-Tage nicht gleich lang, weil das Sonnenlicht bei größtem Abstand etwa 17 Sekunden länger braucht, um uns zu erreichen, als bei geringstem.

»Ich hätte das alles viel einfacher eingerichtet«, dachte Dummke, »eine Kreisbahn der Erde und genau 360 Tage pro Jahr, die dann ja alle gleich lang wären – so wie die Banken rechnen.«

Eine weitere Ungenauigkeit bei der Länge der Tage hängt damit zusammen, daß die Erdrotation sich ständig minimal verlangsamt. Aus diesem Grunde wird in der ersten Minute eines Jahres jeweils, wenn erforderlich, eine 61. Sekunde – eine Schaltsekunde – eingeschoben. Wer eine Funkuhr hat, kann dies in jeder solchen Neujahrsnacht unmittelbar beobachten. Als so kompliziert erweisen sich also bei der Suche nach der Zeit die beiden uns Menschen von der Natur vorgegebenen Einheiten Tag und Jahr.

Seit Jahrtausenden haben einzelne Kulturen sich bemüht, den Tag zu unterteilen, um kürzere, für das praktische Leben sinnvolle Zeitabschnitte festzulegen und zu messen. Äußerst interessant ist daher die Geschichte der Uhr in ihren verschiedenartigsten Formen: Sonnenuhr, Wasseruhr, Sanduhr, mechanische Uhr, Quarzuhr, Funkuhr, um nur einige wenige zu nennen. Näheres darüber findet sich z. B. in dem Buch »Die Geschichte der Stunde« von G. Dohrn-van Rossum, erschienen im Carl-Hanser-Verlag, oder in dem Sanduhrbuch von Ernst Jünger.

Zeitmaße wurden beispielsweise eingeführt, um in der römischen Armee die Länge einer Nachtwache festzulegen (im Mittel drei Stunden, wie sie auch das Neue Testament bei seinen Angaben von Tageszeiten erwähnt). Wasseruhren verwendete man im alten Griechenland, um bei Gericht die Redezeit eines Zeugen zu regeln. Zeitmaße und Uhren brauchte man später für das akademische Leben, für den klösterlichen und kirchlichen Tagesablauf, für den Arbeitsprozeß und die Fahrten der Verkehrsmittel bis hin zur heutigen Luft- und Raumfahrt.

Je weiter eine Zivilisation sich entwickelte, desto wichtiger war ein verfeinerter, messender Umgang mit der Zeit. Denn schließlich erforderte das Zusammenleben unter vielen Menschen, je komplexer es wurde, desto genauere Regelungen und Absprachen über Uhrzeiten, wozu natürlich auch die Einübung der Bürger in ihrer Einhaltung gehört.

In einem Entwicklungsland wurde vor einigen Jahrzehnten von einer westlichen Firma eine Fabrik gebaut. Als man die ersten Arbeiter einstellte und aufforderte, morgen früh »um sieben Uhr« zur Arbeit zu erscheinen, stellte sich jedoch heraus, daß den meisten von ihnen ein solcher Ausdruck unbekannt war und ihnen jedes präzise Zeitbewußtsein fehlte. Niemand in ihren Familien hatte jemals eine Uhr besessen oder auch nur gelernt, sie abzulesen. Erst nachträglich wurde den Vertretern dieser Firma klar, wie wenig man Gepflogenheiten einer Kultur auf eine andere übertragen kann – eine Erkenntnis, die nicht nur im Hinblick auf das Zeitbewußtsein von Menschen zutrifft.

Seit kurzem setzt sich bei uns mehr und mehr die Digitaluhr durch, wiewohl die Armbanduhren einiger der wertvollsten und bekanntesten Marken weiterhin mit dem traditionellen Zifferblatt und den üblichen drei Zeigern hergestellt werden. Der Blick auf ein solches Zifferblatt zeigt bereits, wie konservativ unser Zeitsystem trotz der erwähnten Fortschritte geblieben ist.

Zunächst fällt auf, daß der Stundenzeiger nicht einen, sondern zwei Umläufe pro Tag macht. Denn noch immer sind viele von uns gewohnt, den Tag nicht in 24, sondern in zweimal zwölf Stunden einzuteilen. Obwohl am Bahnhof auf der Anschlagtafel steht, daß der ICE um 21.44 Uhr abfährt, verwendet der Volksmund für diese Uhrzeit noch oft die Ausdrucksweise »eine Minute vor dreiviertel zehn« oder ähnlich komplizierte, regional verschiedene, uralte Redensarten. Denn hier hat sich eine Einteilung des Tages in zwei Teile erhalten, die noch auf die vor-babylonische Zeit zurückgeht und sich die Jahrtausende hindurch erhalten hat, so daß sie auf dem Weg über die Römer zu uns nach Mitteleuropa kam.

Wir haben uns daran gewöhnt, daß unsere Uhren die beiden Tageshälften nicht weiter in Viertel-, Achtel-, Sechzehnteltage usw. zerlegen, wie es konsequent wäre und z. B. bei den Tonlängen in der Musik geschieht, sondern in je zwölf Stunden unterteilen. Auch diese Tradition haben die Römer von den Babyloniern übernommen, wenn auch die Zäsuren zwischen den beiden Halbtagen seinerzeit noch nicht bei Mitternacht und Mittag, sondern bei Sonnenauf- und -untergang lagen. Daher waren ursprünglich die Nachtstunden als Zwölftel der Nacht je nach Jahreszeit kürzer oder länger als die entsprechend bemessenen zwölf Tagesstunden. Erst viel später setzte sich Teilung des Tages in gleich lange Stunden durch, ursprünglich nur für wissenschaftliche Zwecke.

Daß die Römer bei der Zeitmessung den Faktor zwölf verwendeten, ist um so bemerkenswerter, als bei ihnen nicht zwölf, sondern bereits zehn die Basis des Ziffernsystems war; Wörter und Zeichen für die Zahlen beruhten bereits wie bei uns auf dem Dezimalsystem, wenn sie auch in der bekannten umständlicheren römischen Art geschrieben wurden.

Aber unsere Uhrzeit birgt noch weitere Komplikationen in sich: Bekanntlich wird die Stunde weder in zwei noch in zwölf, sondern in 60 Teile zerlegt, die wir Minuten nennen, jede Minute wiederum in 60 Sekunden. Der Faktor 60 geht dabei auf den Einfluß der Griechen zurück, die ja, wie man aus der Geometrie und aus der Geographie weiß, den Kreis in 360 Grad zu je 60 Bogenminuten von je 60 Bogensekunden unterteilten. So sind wir daran gewöhnt, daß auf dem Ziffernblatt unserer Uhr zugleich zwölf Markierungen für die Stunden und 60 für die Minuten angebracht sind, die meist von dem Sekundenzeiger »mitbenutzt« werden.

Erst unterhalb der Sekunde gilt das Dezimalsystem; sie wird in Zehntel-, Hundertstel-, Tausendstelsekunden unterteilt, wie sie heute nicht nur in der Raumfahrt, sondern auch beim Sport eine Rolle spielen. Natürlich liegt dies daran, daß man Bruchteile einer Sekunde erst seit neuester Zeit messen kann und daß in dieser Epoche hier die Verwendung des Dezimalsystems nicht mehr durch Einflüsse alter Kulturen und Traditionen vereitelt wurde.

Beim Blick auf ein Ziffernblatt sind also noch Spuren einer Kulturgeschichte von mehreren Jahrtausenden zu erkennen. Sie haben dazu geführt, daß unser Zeitsystem, wie eben beschrieben, äußerst kompliziert und unpraktisch ist, viel komplizierter als das britische Geldsystem vor der Dezimalisierung war. Zwar ist es vergangenen Reformen in unserer kontinentaleuropäischen Kultur gelungen, wenigstens bei Längen, Hohlmaßen und Gewichten durchgängig das Dezimalsystem und zueinander passende Einheiten einzuführen. Wir sind daher seit langem daran gewöhnt, nach Kilometern, Metern, Zentimetern und Millimetern zu messen, statt nach verschiedenen Arten von Meilen, Ellen, Klaftern, Fuß oder Zoll, ähnlich auch nach Kilogramm und Gramm oder nach Litern und Millilitern. Bei der Uhrzeit jedoch sind derartige Versuche stets fehlgeschlagen. Denn offenbar ist der Mensch beim Messen und Zählen auf keinem Gebiet so unbeweglich und an Tradition gebunden wie beim Umgang mit der Zeit. Lieber hält er jahrtausendelang an einem komplizierten System fest. als sich auf eine naheliegende, aber ungewohnte, gewaltige Vereinfachung umzustellen.

Bekanntlich geht die erwähnte Einführung des metrischen Systems auf die Französische Revolution zurück. Das Meter wurde zunächst als der zehnmillionste Teil des Vierteläquators eingeführt und insofern als eine von der Natur gegebene Einheit empfunden, auf die durch konsequente Anwendung des Faktors 10 alle übrigen Längeneinheiten, größere wie kleinere, gegründet wurden. Völlig analog dazu war eine Unterteilung des Tages in 100 Zentitage zu je zehn Millitagen usw. vorgesehen. Sie mußte jedoch bald nach der Revolution aufgegeben werden, obwohl die Ersetzung von Stunde, Minute und Sekunde durch dezimale Einheiten zu einer starken Vereinfachung des Zeitsystems geführt und im Unterschied zur Abschaffung der Woche keinen Bruch mit der christlichen Überlieferung bedeutet hätte. Man würde ja im Grunde nur den Tag wie bisher als Zeiteinheit verwenden, ihn aber so unterteilen, wie es sich nach dem Dezimalsystem automatisch ergibt.

Sicher wäre auch ein späterer Termin immer noch für die Einführung der Dezimalzeit geeignet gewesen, z. B. in unserer Gegenwart der 1. Januar 2000. Sehr schnell hätte sich das Leben auf runde Uhrzeiten im neuen System eingespielt. Man würde sich daran gewöhnen, daß eine U-Bahn z. B. in Abständen von fünf Millitagen (nach unseren Begriffen etwas mehr als sieben Minuten) fahren würde. Man würde in den Schulen Unterrichtseinheiten von drei

Zentitagen Dauer einführen, die erste morgens von 32 bis 35 Uhr, nach denen jeweils ein Zentitag Pause wäre. Der Gottesdienst würde um 40 oder 45 Uhr anfangen, auch wenn bei den Schwaben pünktlich um 50 Uhr mittags die Suppe auf dem Tisch stehen muß. Die Abendnachrichten im Fernsehen würde man geringfügig auf 80 und 85, die Tagesthemen auf 95 Uhr verschieben.

»Die Gewerkschaften sind bestimmt dagegen«, dachte Dummke; »denn wenn sie für die 36-Stunden-Woche demonstrieren wollen, dann würde es ja in Zukunft auf den Transparenten heißen: ›Wir fordern die 1,5-Tage-Woche‹, und damit würden sie doch bei niemandem Eindruck machen.«

Ein Zentitag, d. h. ein Prozent des Tages, wäre also für praktische Zwecke eine sehr vernünftige Zeiteinheit, und normale Digitaluhren würden heute die Zeit mit fünf Ziffern angeben, z. B. 79,915 Uhr. Dabei würde sich die letzte Ziffer etwa im gleichen Tempo verändern wie bei den jetzigen Sekunden-Anzeigen; genauer gesagt: in Abständen von 0,864 Sekunden.

Vor allem den Kindern würde eine solche Uhrenreform sehr entgegenkommen, und sie könnten sich bald nicht mehr vorstellen, wie sich die Alten zuvor so lange mit ihren komplizierten Uhren herumplagen mußten. Aber auch z. B. für die Industrie, den Flugverkehr, das Telefonsystem und nicht zuletzt für die wissenschaftliche Zeitmessung würden sich starke Vereinfachungen ergeben. Man könnte sich nach kurzer Zeit der Eingewöhnung viel besser vorstellen, wieviel 365,2422 Tage sind, statt dies umständlich in 365 Tage, 5 Stunden, 48 Minuten und 46 Sekunden umrechnen zu müssen.

Dennoch besteht eigentlich keine Aussicht, daß diese Dezimalisierung jemals eingeführt wird. Denn die weitaus meisten Menschen – Religiöse und Atheisten, Revolutionäre und Reaktionäre gleichermaßen –, sind überaus konservativ im Hinblick auf Uhr und Kalender. Vielleicht deutet sich darin an, individuell wie auch massenpsychologisch, daß der Mensch auf der Suche nach der Zeit, die ihm irgendwie rätselhaft bleibt, das Zifferblatt der Uhr wie mit dem Lasso festzuhalten sucht. Er tut dies nicht nur wegen seiner Hektik: Auch die ihm gewöhnten Unterteilungen in Stunden, Minuten, Sekunden möchte er krampfhaft bewahren, die meßbare Quantität gewissermaßen als Ersatz für die Qualität der Zeit, nach der er sich so sehr sehnt.

1.3 Die philosophische Seite

Nicht nur die Physiker, sondern vor allem die Philosophen hat von jeher der Zeitbegriff beschäftigt. Dabei war gewiß die Frage des Augustinus, was die Zeit sei, typisch im Sinn des antiken Denkens formuliert und doch, wie er eigentlich selbst bemerkte, so nicht beantwortbar. Denn wer einen Begriff erklären möchte, muß ihn ja auf einfachere Begriffe zurückführen. Wie sollte dies aber bei der Zeit möglich sein, von der wir als Menschen ein ganz elementares, unmittelbares Bewußtsein haben? In der Tat wissen wir, was sie ist, »solange uns niemand danach fragt«, d.h. solange wir uns nicht zu einer verbalen Rückführung auf andere Begriffe zwingen. Augustinus hätte die gleiche Unmöglichkeit auch erlebt, hätte er erklären wollen, was der Raum oder das Sein ist. Insofern haben spätere Philosophen beim Nachdenken über den Zeitbegriff, wenn sie klug waren, immer Augustinus zitiert und auf eine Definition verzichtet.

In der Mathematik hat es Jahrtausende gedauert, bis man eingesehen hat, daß man in jeder Theorie einige axiomatische Begriffe an den Anfang stellen muß. Sie werden, wie etwa der Begriff des Punktes in der euklidischen Geometrie, nicht etwa inhaltlich erklärt (»Ein Punkt ist etwas, was keine Ausdehnung hat« war keine sehr geistreiche Definition, weil »Ausdehnung« komplizierter zu erklären ist als »Punkt«), sondern nur durch die Beziehungen zu anderen Begriffen, also durch Axiome festgelegt, u.a. dadurch, daß es zu zwei verschiedenen Punkten immer genau eine Gerade gibt, auf der beide liegen. Dieses Vorgehen ist vergleichbar damit, daß auch beim Schachspiel nicht erklärt werden kann, was z. B. ein Bauer »ist«, sondern daß die genauen Regeln angegeben werden, die für ihn gelten. Die Axiome sind gewissermaßen solche Spielregeln.

Anders steht es mit den Aussagen, die man über einen Gegenstand macht. Der Satz »Jede Katze hat vier Beine« ist eine Aussage, aber keine Definition; denn sonst wäre der Tisch dort, der ebenfalls vier Beine hat, eine Katze. Leider ist gerade bei Geisteswissenschaftlern dieser Unterschied zwischen Definition und Aussage nicht immer klar. Sie werfen ihrem Gesprächspartner daher manchmal zu Unrecht vor, er hätte gewissermaßen einen Tisch als Katze bezeichnet.

Was die Zeit anbetrifft, so hat die Philosophie nie eine befriedigende Definition, wohl aber manche tiefsinnigen Aussagen über sie gefunden. Daran ändert auch die Tatsache nichts, daß der moderne Zeit-Philosoph Rifkin 1988 (in seinem Buch »Uhrwerk Universum«) sogar schrieb: »Weil uns die Zeit definiert, müssen wir Zeit definieren«; denn hier wird von Definieren in einem völlig anderen Sinn gesprochen, als es sonst wissenschaftlich üblich ist.

In der Antike, die ständig ihre Was-ist-Fragen stellte, wurde die Zeit als das in sich beharrende Medium angesehen, innerhalb dessen sich ständig Veränderungen abspielen, also gewissermaßen als die Straßendecke, über die die Fahrzeuge rollen. Anders ist der Vergleich der Zeit mit einem Strom, in dem das Wasser nicht etwas Beharrendes ist, sondern sich gleichmäßig in derselben Richtung fortbewegt. Darin kommt zum Ausdruck, daß die Zeit unaufhörlich weiterfließt, ohne daß der Mensch sie beschleunigen, bremsen oder gar umkehren könnte. Er treibt sozusagen im Strom auf einem Floß dahin und hat weder Ruder noch Motor zur Verfügung.

Natürlich kann dieses Bild nicht beschreiben, wie der Mensch sich aktiv in der Zeit verhält, wie überhaupt keine Beschreibung der Zeit alle ihre Aspekte wiedergeben kann. Das gilt auch für die Formulierung des Nobelpreisträgers R. Ph. Feynman, wonach Zeit das ist, was immer noch geschieht, wenn sonst nichts geschieht.

Dummke mußte unwillkürlich an die ständige Musikberieselung aus Schulzes Radio von nebenan denken: das läuft immer – auch in der Nacht noch, wenn sonst nichts läuft.

Schwierig war es für die Philosophie immer, das Doppelgesicht der Zeit zu verstehen und zu beschreiben: einerseits hat sie unverkennbar eine objektive Seite, die unabhängig vom Menschen abläuft, auch wenn die physikalische Struktur der Zeit, wie bereits angedeutet, viel komplizierter ist als bei der (sozusagen naiven) absoluten Zeit im Sinne Newtons. Andererseits hat aber die Zeit etwas mit dem Menschen zu tun. Man kann nicht an sie denken, ohne das Zeitbewußtsein des Menschen mit einzubeziehen, selbst wenn man die vielen wesentlichen psychologischen Fragen des Zeiterlebens zunächst noch nicht betrachtet. Wenn der Mensch Ereignisse in ihrer zeitlichen Abfolge wahrnimmt – gleichgültig, ob es sich um physikalisch-objektive, zwischenmenschliche oder rein subjektive Ereignisse handelt –, dann setzt diese Wahrnehmung voraus, daß es die Zeit »gibt«. Das Zeitbewußtsein kommt insofern nicht durch die Anschauung und die Wahrnehmung von Ereignissen nachträglich zustande, sondern geht ihr voraus und ermöglicht sie erst.

Dieses Vorausgehen nennt Kant »a priori«. So ist seine Erklärung zu verstehen, daß die Zeit (wie auch der Raum) eine »reine Form der sinnlichen Anschauung« und ferner »die formale Bedingung a priori aller Erscheinungen überhaupt« ist. Die Zeit ist gewissermaßen das Papier, auf dem unser Bewußtsein die wahrgenommenen Ereignisse in geordneter Form einträgt, wobei das Papier schon vor der Eintragung, also a priori vorhanden ist.

Kant ist von späteren Denkern gelegentlich so mißverstanden worden, als hätte er damit die Zeit zu einer subjektiven Erfindung des Menschen herabstufen wollen. Doch hat er sie als notwendig und allgemeingültig, also der sozusagen dichterischen Willkür des einzelnen Subjekts enthoben, beschrieben. Die Zeit ist damit in einem ähnlichen Sinne real wie die Sätze der Mathematik, die doch unabhängig von persönlichen oder kulturbedingten Überzeugungen des Einzelnen gelten, und zwar a priori, unabhängig von etwaigen späteren Anwendungen in der Praxis.

Im 20. Jahrhundert hat vor allem Martin Heidegger (1889–1976) den Zeitbegriff in besonderer Tiefe neu analysiert, so daß mit seinem großen Werk »Sein und Zeit« 1927 eine neue Epoche der Philosophie begann, später als Existenzphilosophie bezeichnet. Das Wesen des Menschen besteht nach Heidegger darin, daß er ein Bewußtsein von Zukunft als Dimension der Freiheit hat und von der Notwendigkeit, sich auf sie auszurichten. Der Übergang vom bloßen Dasein eines Menschen zum eigentlichen Existieren vollzieht sich gerade darin, daß er im Vorgriff auf seine Zukunft einen eigenen Lebensentwurf aufstellt und sodann sein Verhältnis zur Zeit in der Begegnung mit der Welt um sich herum als die bewußte Erfüllung dieses Entwurfs gestaltet. Die so verstandene Existenz des Menschen hat bei Heidegger damit eine doppelte Beziehung zur Zeit: die bewußte Orientierung auf die Zukunft und deren Wirkung auf das Handeln in der jeweiligen gegenwärtigen Situation.

»Dann bin ich ein richtiger Heidegger-Schüler«, sagte Dummke; »ich orientiere mich daran, wieviel Geld ich am Ersten bekomme, und ich rechne genau aus, wieviel ich jeden Tag bis dahin in der jeweiligen Situation noch ausge-

ben kann.« Aber Schlauke meinte, Heidegger hätte nicht das finanzielle, sondern vor allem das geistige Verhalten gemeint, und daran würde es bei Dummke noch etwas hapern.

Heidegger war bei all seiner Größe insofern ein typisch deutscher Philosoph, als bei ihm der Zug unseres Nationalcharakters ausgeprägt war, das als wichtig Erkannte einseitig zu verabsolutieren. Und da es eine großartige Erkenntnis von ihm war, daß die Entdeckung des persönlichen Zeithorizonts und seine bewußte Gestaltung einen Menschen stark verändern und ein Programm für seine geistige Existenz bedeuten kann, so ist es nicht verwunderlich, wenn bei Heideggers Zeitverständnis ausschließlich der qualitative Aspekt, also die inhaltliche Erfüllung der erfahrenen Zeit betrachtet wird.

Der tiefste Gedanke in Heideggers Zeit-Analyse ist seine Auffassung vom Tod als dem sichersten Ereignis der Zukunft eines Menschen, so daß sein Dasein ein Sein zum Tode wird. Wir kommen darauf im letzten Kapitel noch einmal zurück.

Die quantitativ-physikalische Seite der Zeit hielt Heidegger für unwesentlich. In abfälliger Weise sprach er im Zusammenhang mit ihr vom »vulgären Zeitverständnis«, und über Techniken der Zeitersparnis äußerte er sich polemisch. Er übersah jedoch dabei, daß selbst jemand, der zu einem Philosophen-Kongreß fährt, um dort einen Jahrhundert-Vortrag zu halten, zuvor seine Zeit so einteilen muß, daß er pünktlich mit gepacktem Koffer zum Bahnhof kommt. Was wir dringend brauchen, ist daher eine Synthese, die beide Aspekte der Zeit positiv und realistisch bewertet, miteinander versöhnt und gerade dem als Verantwortungsträger aktiven, mitten in der Gesellschaft stehenden Menschen hilft, in seiner vielschichtigen konkreten Lebensrealität das Zeitproblem zu lösen und echte Erfüllung zu finden. Niemanden wäre damit geholfen, wenn Zeit-Philosophen und Zeit-Manager gegeneinander mit Mißachtung polemisieren, statt daß die besten Vertreter beider Seiten im Sinne der erforderlichen Synthese zusammenarbeiten würden. Auch für die philosophische Suche nach der Zeit würde dies fruchtbar sein.

1.4 Die psychologische Seite

Ist die Zeit etwas rein Subjektives? Dann würde es keine Uhren geben, die heute mit phantastischer Präzision messen können, und zwar unabhängig vom Träger der Uhr und dessen Zeitgefühl. Ist sie etwas ausschließlich Physikalisches? Dann würden wir nicht so intensiv erleben, daß sie als unsere Lebenszeit ganz eng zu uns selbst gehört. Wir können in bestimmten Stunden gewissermaßen die Uhr des eigenen Lebens ticken hören, und ihre Minuten oder Stunden kommen dem einen als ungemein erfüllt, dem anderen als leer, sinnlos oder stinklangweilig vor. Mancher von uns kennt beides: Gelegentlich möchte er »zum Augenblicke sagen: Verweile doch, du bist so schön!« (Goethe), während er andere Zeiten bestenfalls mit einem sinnlosen »Warten auf Godot« verbringt.

Zeit ist, wie wir bereits erörtert haben, all dies zugleich: eine physikalische Größe, ein Strukturelement in unserem Bewußtsein bei der Wahrnehmung von Ereignissen und auch ein wesentliches Grundelement unserer Lebenswirklichkeit.

Die Fachleute haben festgestellt, daß etwa vom dritten Lebensjahr an das Kind ein Zeitbewußtsein entwickelt. Es kann unterscheiden, wann es eine Nacht hindurch geschlafen hat und wann es nur ein kürzerer Schlaf am Tage war. Erst nach und nach kann das Kind abschätzen, wann ein ankommendes Auto noch so weit entfernt ist, daß man vor seinem Eintreffen gefahrlos die Straße überqueren kann, oder wann es Zeit ist, an ein Weihnachtsgeschenk für die Oma zu denken. Es dauert jedoch Jahre, bis sich beim heranwachsenden Menschen ein Bewußtsein für geschichtliche Zeiträume herausbildet, wobei ja die Kenntnis von Daten und eine gewisse Fähigkeit zum Kopfrechnen wesentliche Hilfen sind.

Eine meiner Töchter hatte im Alter von zwei Jahren bereits einiges aus den Geschichten mitbekommen, die meine Frau jeden Abend den Kindern aus einer Kinderbibel vorlas. So kam es, daß sie bei der Begegnung mit einer älteren Dame sogleich fragte: »Kennst du noch den Opa Abraham?« Daß sie sich beim Alter dieser Dame *(etwas)* verschätzt hatte, war bei einer Zweijährigen natürlich damit zu entschuldigen, daß ihr noch das chronologische Zeitbewußtsein fehlte.

Anders war es, als ein 14jähriger mich fragte, ob ich den Ersten Weltkrieg noch erlebt hätte. Auch wenn er mein genaues Geburtsjahr nicht kannte, so hätte er aus der Kenntnis meiner Kinder und aus anderen Indizien sicher abschätzen können, daß ich lange nach 1918 geboren bin. Doch stellte sich heraus, daß er gar nicht wußte, wann der Erste Weltkrieg stattgefunden hat, – auch nicht, wie alt seine Eltern waren – und daß sein Zeitbewußtsein keine helfenden Überschlagsrechnungen zuließ. Hier war also die normale Entwicklung stark zurückgeblieben.

Der Ablauf der Zeit ist für unser Bewußtsein nicht kontinuierlich, sondern er geschieht in Intervallen von etwa drei Sekunden, die wir jeweils als Gegenwart empfinden. Beim Sprechen macht praktisch jeder in diesen Abständen Pausen, unabhängig von der Atmung, weil sein Bewußtsein den Inhalt des Gesprochenen in solche Blöcke zusammenfaßt.

In viel kürzere Intervalle zerlegt das Unterbewußtsein seine Wahrnehmungsvorgänge, etwa beim Lesen. Aber auch hier läuft die Zeit in Sprüngen ab, auch wenn diese nur wenige Hundertstelsekunden lang sind. So beruht ja bekanntlich die optische Wirkung des Films mit kontinuierlichen Bewegungsvorgängen darauf, daß die einzelnen

Bilder kurz genug hintereinander geschaltet werden. Das Unterbewußtsein kann sie bei der Wahrnehmung nicht mehr voneinander trennen, und daher verschwimmen sie für das Auge in der gewünschten Weise.

Man muß sich vorstellen, daß unser gesamtes Erleben sich aus solchen nicht mehr teilbaren »Zeit-Atomen« zusammensetzt. Entscheidend für die Verarbeitung des Erlebten ist jedoch nicht in erster Linie die zeitliche Dauer, sondern der Grad, die Intensität und die gefühlsmäßige Färbung der späteren unbewußten wie auch der (viel geringeren) bewußten Erinnerung. Diese Erkenntnis macht deutlich, daß es in unserem Leben Schlüsselerlebnisse geben kann, deren nachhaltige Wirkung – positiv oder negativ – die Dauer des Erlebnisses um ein Hunderttausendfaches übertrifft.

Das Erinnerungsvermögen unterliegt anderen Zeitgesetzen als das Erleben selbst. Am häufigsten wird in diesem Zusammenhang festgestellt, daß mit zunehmendem Alter einem Menschen die Jahre, die er erlebt, immer kürzer vorkommen.

Einen der Gründe dafür, der mir wesentlich erscheint, möchte ich anhand eigener Erinnerung erläutern: Als Dreijähriger habe ich auf die übliche Frage von Erwachsenen nach meinem Alter gelegentlich ausweichend geantwortet; denn ich war überzeugt, schon erheblich älter zu sein. Da ich mich deutlich an einzelne Ereignisse erinnern konnte, die ein Jahr zurücklagen, rechnete ich mir vor, daß es auch möglich sein müßte, in der Erinnerung dreimal so weit zurückzugehen, also bis zum Tag meiner Geburt. Dies aber gelang mir nicht: So weit ich auch zurückdachte, war ich immer schon auf den Beinen gewesen. Unfaßbar war mir, daß bei meinem Erinnerungsvermögen eine solche Schranke bestand. Selbst drei Jahre später, an meinem sechsten Geburtstag, beschäftigte mich dieses Problem noch immer, als ich mich ganz früh am Morgen bereits allein an den mit Geschenken beladenen

Geburtstagstisch geschlichen hatte. Heute kannst du dich ohne weiteres drei Jahre zurückerinnern, so fragte ich mich; warum konntest du dasselbe damals nicht auch?

Für den Sechsjährigen mag das gerade vergangene Lebensjahr ein Drittel seines ganzen Lebens sein, soweit er fortlaufende Erinnerung hat, also ein hoher Bruchteil. Für den 63jährigen dagegen ist ein gerade beendetes Lebensjahr nur noch der 60ste Teil seiner bewußt erlebten Vergangenheit, also ein 20mal kleinerer Anteil. Ob es ihm deshalb auch 20mal kürzer vorkommt als dem Sechsjährigen?

Gewiß hängt unser Erinnerungsvermögen auch davon ab, ob ein Zeitabschnitt inhaltsreich war. Kein Wunder ist es daher, daß in den meisten Lebensberichten von Zeitzeugen die Hitlerzeit einen viel breiteren Raum einnimmt als die Zeiten davor oder danach. Denn es war ein ungewöhnlicher, mit unvergeßlichen, bösen Ereignissen prall gefüllter Zeitabschnitt, wie er glücklicherweise nicht in jedem Menschenleben und auch nicht jedem Jahrhundert vorkommt.

Das Entscheidende aber für die persönliche Zeitbilanz eines Menschenlebens sind nicht einmal die geschichtlichen Vorgänge seiner Lebensspanne, selbst dann nicht, wenn er zu denen gehören sollte, die sie mit gestaltet haben und deren Namen in die Geschichtsbücher aufgenommen wurden. Wesentlicher ist doch, was wir aus unseren Jahren und Jahrzehnten gemacht haben und ob unsere Zeit erfüllt war. Manche Lebensziele, etwa auf beruflichem Gebiet, erfordern einen erfolgreichen Umgang mit der quantitativen Seite der Zeit – mit viel Durchhaltevermögen. Schließlich benötigen manche, vom Tag des Schuleintritts an gerechnet, vielleicht dreißig oder mehr Jahre intensiver, disziplinierter Vorbereitung, bevor sie das Ziel ihrer Laufbahn erreichen können. Es kommt hinzu, daß auch für einen Menschen mit hohen Lebenszielen die vielen Nebensachen im Alltag notgedrungen einen großen Teil seiner Zeit in Anspruch nehmen; denn nur wenigen werden diese Dinge heute noch durch Bedienstete abgenommen.

Im Endeffekt jedoch zählt nicht der meßbare, quantitative Lebenserfolg, sondern allein die Form des Glücks – wenn dieser etwas außer Mode gekommene Ausdruck hier einmal erlaubt ist –, die auf der Übereinstimmung eines Menschen mit seinem inneren Zeitplan beruht. Man spürt beim Umgang mit jüngeren wie mit älteren Menschen, ob sie mit der ihnen geschenkten Zeit versöhnt, in ihr heimisch und souverän sind. Solche Menschen lernen es, die quantitative Seite der Zeit als Herausforderung aufzugreifen und zu bewältigen, womöglich mit der linken Hand, um auf diese Weise für die eigentliche, geistliche und geistige, qualitative Seite der Zeit um so mehr Freiraum zu gewinnen. Dann besteht die Kunst ihres Lebens darin, beides harmonisch miteinander zu verbinden. Wo dies mißlingt, da neigen Menschen – auch solche, die vorübergehend erfolgreich waren – mehr und mehr zu Verbitterung und Resignation. Wer aber für das Wesentliche im Leben offen ist und ein Zeitbewußtsein dafür entwickelt, der findet auf Dauer Erfüllung und erfährt, daß seiner Suche nach der Zeit Erfolg beschieden wird.

1.5 Die geistliche Seite

Wir sprachen von der Resignation mancher Menschen, die mit voranschreitenden Jahren spüren, daß ihr Leben nicht die ersehnte Erfüllung gebracht hat. Daß bei vielen diese Resignation eintritt und sich steigert, hängt mit einer ganz elementaren Tatsache zusammen: Wir wissen, daß unsere Lebensspanne begrenzt ist. Sie mag jetzt im Mittel vielleicht 75 Jahre betragen, bei dem einen viel weniger, bei dem andern mehr. Weil das so ist, sinkt für uns ständig der individuelle Erwartungswert für die Rest-Lebenszeit, wie die Versicherungsfachleute sagen. Unsere Lebenszeit stellt also, mathematisch gesprochen, ein Intervall dar – mit Geburt und Tod als den beiden Endpunkten.

Dem psychologischen Prinzip von der Verkürzung der Jahre in unserer Erinnerung, wie wir es erörtert haben, entspricht somit noch ein zweites Prinzip: Je länger die Erinnerungsspanne, desto kürzer die zu erwartende Zukunftsspanne. Dieser doppelte Effekt hat im allgemeinen starke Auswirkungen auf das Zeitbewußtsein des Betroffenen, vor allem unbewußt. Denn mit der Aussicht auf Zukunft schrumpft die Hoffnung, bestimmte Dinge noch erreichen oder erleben zu können. Der 15jährige hat, statistisch gesprochen, noch 80 Prozent seines Lebens vor sich, der 60jährige dagegen nur noch 20 Prozent. Auf seine Lebenseinstellung wirkt sich dies gerade auch dann aus, wenn sich ein Mensch diesen Zusammenhang nicht mit so nüchternen Zahlen bewußt macht und vielleicht gar seinen bevorstehenden Tod verdrängt.

Leider neigen viele von uns dazu, immer an der Gegenwart vorbeizuleben. Das Kleinkind lebt vielleicht von der Hoffnung: »Wenn ich erst einmal zur Schule komme wie meine große Schwester...« Der Schüler aber sehnt den Tag herbei, an dem er diese Belastung endlich hinter sich hat und keine Klassenarbeiten mehr zu schreiben braucht. Danach aber empfindet er die Berufsausbildung oder das Studium ebenfalls nur als Vorspiel des eigentlichen Lebens, das er später einmal genießen möchte.

Merkwürdigerweise setzt diese Einstellung sich bei vielen fort. Die ersten Berufsjahre sehen sie als schwierige Übergangszeit an, zumal sie ja in diesen Jahren meist heiraten und im Zusammenhang mit der Gründung der Familie einige finanzielle Belastungen zu tragen haben. Manche träumen dann bereits von der Zeit, da die Kinder erst »aus dem Gröbsten heraus« und die Raten für das Haus abbezahlt sind. In den christlichen Gemeinden und anderen Vereinigungen haben manche in diesen Jahren den festen Vorsatz, später aktiv mitzuarbeiten, wenn die jetzige Phase erst einmal vorüber ist.

Irgendwann kommt dann die Zeit, da ein Mensch, wie man so sagt, auf der Höhe seiner Jahre ist. Er hat den Gipfel seiner Laufbahn erreicht; das Haus ist schuldenfrei, und nun müßte eigentlich das richtige Leben endlich beginnen. Aber für einen, der erfolgreich Karriere gemacht hat, sind dann oft die beruflichen und die ehrenamtlichen Verpflichtungen so umfangreich, daß der Terminkalender und die Lebensenergie von ihnen ganz ausgefüllt sind. Wer gesellschaftlich, wie es immer heißt, ganz oben ist, für den wird oft dort oben mitunter die Luft dünner, die Luft zum normalen, richtigen Leben. Er findet vielleicht nicht einmal die Zeit, über das Ziel der ganzen Reise nachzudenken und über die richtige Reiseroute, die dorthin führt. Die Zeit, so scheint es ihm, ist für solche Besinnung zu knapp. *Ja, wer ständig handeln muß, wie soll der die Zeit finden, um darüber nachzudenken, was da die höchsten Maßstäbe und Ziele seines Handelns sind?*

Manche hoffen daher auf den sogenannten Ruhestand, in dem sie all dies nachholen und besinnlicher leben möchten. Wenn er aber eines Tages beginnt und eigentlich die erhofften zeitlichen Freiräume bringen sollte, dann leiden manche plötzlich, auch wenn sie dies ungern zugeben, unter einer gewissen Leere, weil ihnen ein sinnvolles Programm für diesen Lebensabschnitt fehlt. Sie verzetteln sich womöglich in Nebensächlichkeiten und zeitfüllenden Kleinigkeiten, vielleicht in der unbewußten Absicht, der Frage nach dem Sinn des Ganzen weiterhin aus dem Wege zu gehen. Je näher aber der Tod kommt – vor allem, wenn die Kräfte bereits nachzulassen beginnen –, desto mehr dämmert einem Menschen dann die Einsicht, daß ihm in all den Jahren und Jahrzehnten seines Lebens trotz der Zeit, die ihm wie jedem anderen geschenkt war, die eigentliche Erfüllung irgendwie entgangen ist. So begreifen manche erst recht spät im Leben, daß bestimmte Hoffnungen in der Liebe, auf beruflichem, gesellschaftlichem, künstlerischem oder irgendeinem anderen Gebiet nunmehr vorüber sind. Die einsetzende Resignation hängt dann nicht nur mit der Angst vor dem Sterben zusammen, die ein Mensch haben mag, sondern mit den enttäuschten Wünschen, die er nun begraben muß, bevor er selbst begraben wird.

In welchem Fall hat sich die Zeit unseres Lebens gelohnt? Wann haben die Jahre, die wir verbringen, einen Sinn gehabt? Man könnte lange über mögliche Antworten philosophieren: Liegt der Sinn in dem idealistischen Einsatz für gute Ziele? In der erreichten Anerkennung aufgrund von Leistung? In einer glücklichen Ehe und Familie mit Kindern und Enkeln? In den wissenschaftlichen oder künstlerischen Inhalten, an denen wir uns berauschen und die zu unserer persönlichen Entfaltung beitragen? In großartigem Besitz und Konsum? Oder einfach im Genuß?

Manche dieser Lebensziele verdienen durchaus Anerkennung. Dennoch erweisen sich bei genauerem Nachdenken angesichts des bevorstehenden Todes alle als nicht wertbeständig, nicht lohnend genug. Denn die Frage nach dem Sinn sprengt alle diesseitigen möglichen Antworten, weil der Sinn unseres Lebens in jedem Fall über uns selbst hinausweist. Sie kann nur Gott beantworten, weil wir unsere Existenz nicht uns selbst, sondern ihm verdanken. Er hat uns geschaffen als Wesen, die mit ihm, dem lebendigen Gott kommunizieren, personale Gemeinschaft haben können. Und der Sinn, weshalb Gott dem Menschen seine Personhaftigkeit einschließlich seines Zeitbewußtseins gab, lag in dieser von Gott gewollten Partnerschaft.

Die Suche nach der Zeit führt daher über die physikalische, die kulturgeschichtliche, die philosophische und psychologisch-praktische Ebene hinaus in die geistlich-transzendente Dimension – dorthin, wo Gott ist. Denn er hat die Zeit geschaffen in all ihrer Komplexität, die wir auf diesen verschiedenen Ebenen unterschiedlich wahrnehmen.

Gemeint sein kann hier nicht eine bloße Sehnsucht nach Gott oder dem Göttlichen, auch keine Bewußtseinserweiterung im mystischen oder esoterischen Sinn. Es geht vielmehr um eine so reale, konkrete Verbindung zu Gott, daß aus ihr für uns eine neue, geistliche Art des Umgangs mit der eigenen Lebenszeit erwächst, und zwar nicht nur im sakralen Bereich, sondern ebenso auf allen übrigen Gebieten einschließlich der praktisch-alltäglichen.

Keine Religion kann mit ihren Mitteln diese real wirksame Beziehung eines Menschen zu Gott herstellen, auch nicht das sogenannte Christen-»tum« im landläufigen Sinn. Denn eine Religion pflegt zwar in den Zeitablauf des Lebens ein zusätzliches, religiöses Element mit bestimmten Kulthandlungen hineinzubringen; sie mag auch einzelne Verhaltensweisen eines Menschen verändern: sein allgemeines Zeitbewußtsein einschließlich der davon geprägten Zielsetzungen läßt sie jedoch mehr oder weniger unverändert.

Statt dessen geht es vielmehr um jene Form von Glauben, die aus der persönlichen Begegnung mit Jesus Christus erwächst, wenn wir ihn in einer vollständigen Neuorientierung unseres Lebens als die Brücke zu Gott annehmen, so wie er uns im Neuen Testament als Weg, Wahrheit und Leben beschrieben wird (Joh 14,6). Sonst würden wir vielleicht zeitlebens weiter vergeblich nach anderen Brücken suchen und uns bei der Suche nach der erfüllten Zeit allein gelassen vorkommen.

Jesus Christus zu erfahren, bedeutet in der Tat für einen Menschen einen radikalen Neuanfang. Im Neuen Testament wird dieser Umbruch als neue Geburt (Joh 3,3), der so veränderte Mensch als neue Existenz (2. Kor 5,17) bezeichnet. An die Stelle des unruhigen, hektischen Suchens nach Lebensinhalt tritt ein neues Zeitbewußtsein aufgrund der Geborgenheit in Gott und der nun gefundenen dynamischen, erfüllten inneren Ruhe. Die Schuld unserer Vergangenheit – einschließlich der falschen Gesamtrichtung unseres Lebens mit ihren Auswirkungen auf den Umgang mit der Zeit – all dies wird vergeben und verändert, wenn wir unter Berufung auf Jesus Christus, auf seinen Tod und seine Auferstehung, Gott ehrlich um Vergebung bitten.

Nach biblischem Verständnis empfängt der Mensch durch die Aufnahme in die Partnerschaft mit Gott eine neue, seine eigentliche Identität und damit eine persönliche Berufung. Zu ihr gehört, daß diese Verbundenheit mit Gott von nun an der bewußt bejahte Lebensinhalt für den Glaubenden ist und daß Gott mit ihr ein konkretes Lebensprogramm für diesen Menschen verbindet. Nicht nur von Noah, Abraham, Mose oder Ruth, sondern auch von späteren Männern und Frauen bis hin zu Paulus werden in der Bibel Einzelheiten ihrer Berufung berichtet, ebenso in den Biographien von Glaubenden bis in unsere Gegenwart, und in diesem Zusammenhang ist dann davon die Rede, wie diese Menschen in der Christus-Nachfolge schrittweise geführt wurden. In ihren Lebensläufen zeigten sich viele praktische Veränderungen, die sich aus der neuen Partnerschaft mit Gott ergaben. Wenn Jesus Christus Menschen einlud, Bürger des Gottesreiches zu werden, dann hat er nicht zum formalen Beitritt in irgendeine Institution geworben, sondern sie aufgefordert, ihm nunmehr als ganze Person nachzufolgen. Das bedeutete konkret, daß sie in Zukunft den Tagesablauf, den Aufenthaltsort und die Art ihres jeweiligen Einsatzes unter seine Entscheidung stellten und ihm voll und vorbehaltlos zur Verfügung standen.

Im Grunde bedeutet Christsein heute noch das Gleiche. Zwar ist, wenn jemand beginnt, Jesus Christus nachzufolgen, damit nicht immer ein Wechsel des Wohnorts oder des Berufs verbunden. Paulus gibt den neu zum Glauben Gekommenen sogar die Weisung, in dem Beruf zu bleiben, den sie vor ihrer Berufung zur Christusnachfolge bereits ausgeübt haben. Im Regelfall will Gott, daß wir ihm mitten in der normalen Gesellschaft zur Verfügung stehen – dort, wo wir unsere Wurzeln haben in Raum und Zeit. Aber grundsätzlich gehört heute wie damals dazu, daß ein Mensch mit dieser Berufung zur Nachfolge auch das neue Lebensprogramm bejaht, das Gott für ihn bereithält, und daß er sich vorbehaltlos einschließlich seiner Zeit innerhalb dieses Rahmens von Gott verwenden lassen möchte. Denn als Glaubende wissen wir, daß die Zeit für jeden von uns ein kostbares Geschenk Gottes ist. Genauso wie andere Güter – immaterielle und materielle, die wir verwalten –, gehört sie ihm und nicht letztlich uns.

Das Großartige an diesem geistlichen Verständnis von Zeit liegt gerade darin, daß es uns für ein Ja zur unmittelbaren Gegenwart befreit, so daß wir aus ihr weder in die Erinnerung an die Vergangenheit noch in die Illusionen von der Zukunft zu entfliehen brauchen. Und ebenso zeigt sich bei einem Umgang mit der Zeit unter der Leitung Gottes, daß von dem Glaubenden keineswegs eine blutleere, verkrampfte Askese verlangt wird, sondern daß Gott ein solches Leben in Richtung auf eine harmonische Verbindung zwischen Geist, Psyche und Körper, zwischen Einsatz und Ruhe, zwischen Konzentration und Entspannung führt.

Gott will im Leben des Glaubenden selbst die Leitung übernehmen und die Prioritäten setzen, was beim zeitlichen Ablauf der Tage, Wochen und Jahre dann sehr praktische, sichtbare Konsequenzen hat. Denn wenn Christus der Mittelpunkt eines Lebens geworden ist, dann will er dort eine heilsame, wohltuende Ordnung schenken, wo früher vielleicht ein lähmendes Chaos herrschte.

Wer das Wagnis des Glaubens in diesem radikalen, biblischen Sinn eingeht, der findet hier auch den Schlüssel für die Lösung seines Zeitproblems. Bei der Suche nach der Zeit ist die geistliche Dimension die entscheidende.

2. VOM SINN UND UNSINN DER ZEITPLANUNG

2.1 Die verschiedenen Zeit-Typen: Planer und Spontis

Zu den besonderen Merkmalen des Menschseins gehört, daß wir Menschen bewußt über unsere Zeit verfügen, sie planen können – wie ja auch unser Handeln, das nicht wie beim Tier rein instinktgesteuert abläuft. – Auf beiden Ebenen geht einem Menschen etwas Entscheidendes verloren, wenn er von dieser Fähigkeit keinen bewußten Gebrauch macht. Er sinkt dann gewissermaßen auf das Niveau eines Tieres herab.

Was aber bedeutet es, unsere Zeit bewußt zu gestalten? Sind uns nicht den ganzen Tag hindurch viele Termine einfach vorgegeben? Hängen wir nicht bei der Planung einer Woche, eines Jahres oder gar unseres ganzen Lebens von vielen Faktoren ab, auf die wir keinen oder nur einen sehr geringen Einfluß haben? Schließlich schreiben Familie, Schule, Ausbildung oder Studium, Wehr- oder Zivildienst, Berufstätigkeit und andere Bereiche unseres Lebens uns in hohem Maße das Tages- und Jahresprogramm vor.

All dies trifft zweifellos zu. Und doch haben wir einen viel höheren Entscheidungs- und Gestaltungsspielraum beim Umgang mit unserer Zeit, als uns normalerweise bewußt ist. Schließlich treffen wir im Lauf eines Tages viele Zeitentscheidungen. Auch wenn uns für den Tagesablauf manche Termine vorgegeben sind – Unterricht oder Vorlesungen, berufliche Arbeit, Sitzungen, ein Termin beim Arzt, Steuerberater oder mit der Autowerkstatt, feststehende Abendveranstaltungen und anderes mehr – so bleiben dennoch innerhalb des so bestimmten Rahmens viele Zeit-Entscheidungen für uns offen: wann wir aufstehen, ob wir in Ruhe oder in Eile oder überhaupt nicht frühstücken. Ob wir nach Feierabend viele ermüdende Stunden vor dem Fernseher verbringen oder diese Zeit für Weiterbildung oder interessante Hobbys, für den Umgang mit befreundeten Menschen oder zur Erhaltung der Gesundheit und für wirkliche Erholung verwenden. Es gibt also große Unterschiede beim Umgang mit der Zeit, und zwar auch zwischen gleichaltrigen Menschen in ähnlicher familiärer und beruflicher Lage. Während der eine eher »seine Jahre zubringt wie ein Geschwätz« (Psalm 90,9), weiß der andere durch Zeitplanung und Disziplin aus seinen Jahren etwas Sinnvolles zu machen. Es gibt aktive Leute, die aufgrund guter Zeitplanung neben anderen beruflichen oder gesellschaftlichen Aufgaben fast spielend einen größeren Haushalt bewältigen, während andere wegen fehlender Zeiteinteilung schon mit einem Zwei-Personen-Haushalt überfordert sind.

Wie kommt es eigentlich, daß bei Sitzungen, Gottesdiensten oder anderen Gemeinschaftsveranstaltungen immer die gleichen Leute zu spät kommen – und diese meist auch noch immer in derselben Reihenfolge? Man kann in einem Kreis, der regelmäßig zusammenkommt, oft mit hoher Wahrscheinlichkeit voraussagen, wer nach drei, wer nach fünf und wer nach zehn Minuten zu spät kommen wird.

Planvoller Umgang mit der Zeit ist nicht nur möglich, sondern auch dringend notwendig für jeden Menschen – sowohl für solche, die meinen, ihr Leben sei wenig ausgefüllt, als auch besonders für aktive Menschen, die viele Aufgaben und Verpflichtungen wahrnehmen.

Und doch wäre es völlig unangemessen, das Thema Zeitplanung moralisierend zu behandeln. Denn wie auf anderen Lebensgebieten sind auch hier die Veranlagungen der Menschen einfach zu unterschiedlich. Primitives Moralisieren würde gerade denen nicht helfen, die mit der Zeitplanung trotz guter Absichten Schwierigkeiten haben. Man würde bei manchen damit nur Frustrationen und Unbehagen wecken, nicht aber verbesserte Effizienz erreichen. Statt dessen sollte es bei diesem Thema jedem, der es aufgreift, darum gehen, andern so zu helfen, daß ihre Zeit-Probleme wirklich konkret gelöst werden. Wer einen korpulenten Menschen dazu bringen möchte, sein Gewicht auf einen Normalwert zu reduzieren, der wird sich ja auch den Weg zum Erfolg verbauen, wollte er ihm Moralpredigten über Zügellosigkeit beim Essen halten. Denn es gibt nun einmal neben willensstarken Menschen auch willensschwache, und gute Vorschläge für Diätkost können naturgemäß von denen am leichtesten befolgt werden, die ohnehin schlank sind und ihren Appetit unter Kontrolle haben. Selbst Jesus hat sich darauf beschränkt, denen zu helfen, die hilfesuchend zu ihm kamen. Er wußte, daß die vermeintlich Gesunden keine ärztliche Hilfe annehmen, sondern nur die, die sich ihrer Krankheit bewußt sind.

Ganz ähnlich scheint es beim Umgang mit der Zeit zu sein: das Dilemma beim Thema Zeitplanung besteht darin, daß diejenigen, die sie am dringendsten brauchen würden, sie in aller Regel ablehnen, vielleicht aus unbewußter Angst vor dem Mißerfolg. Auf der anderen Seite sind noch diejenigen am ehesten an Techniken der Zeitplanung interessiert – man erlebt sie ja als Teilnehmer und Leser entsprechender Seminare bzw. Veröffentlichungen–, die ohnehin bereits relativ gut, also geplant und gekonnt mit ihrer Zeit umzugehen wissen. Mag sein, daß Ingenieure und Wirtschaftsfachleute wie auch andere Führungskräfte mit vollem Terminkalender, die an quantitative Planung auf anderen Gebieten gewöhnt sind, auch am ehesten bereit sind, diese Fähigkeit auf das Gebiet der Zeitplanung anzuwenden.

Offenbar gibt es hier zwei Grundtypen von Menschen. Nennen wir sie einfach, ohne damit irgendeine Wertung zu verbinden, die Planer und die Spontis. Der Planer neigt dazu, stets rational und überlegt zu handeln. Er teilt sein Geld gut ein und praktiziert nicht nur Sparsamkeit, sondern auch Buchführung. Er hält Ordnung in seinem Zimmer und auf dem Schreibtisch, so daß er jeden Gegenstand schnell findet. Er überlegt sich seine Worte gründlich, bevor er sie äußert. Er übt ein hohes Maß an Selbstkontrolle, kann sich also gut beherrschen, und selbst für kleinere Dinge im Leben hat er stets ein durchdachtes System. Diese Veranlagung zeigt sich natürlich auch in seiner stark ausgeprägten Zeitdisziplin. Nie wird er einen Zug verpassen – weder im wörtlichen noch im übertragenen Sinn.

Der Sponti dagegen handelt viel unmittelbarer, spontaner, aus der Eingebung des Augenblickes heraus. In einer plötzlich auftretenden Situation ist er bereit, ungeplant viel Geld auszugeben oder etwas vorher nicht Bedachtes zu tun, was möglicherweise sehr weitreichende Folgen hat. Mit seinem Geld kommt er nie zurecht, zumal ihm der zahlenmäßige Überblick fehlt und er die meisten Ausgaben rein gefühlsmäßig macht. In seinem Zimmer und auf dem Schreibtisch herrscht ein kreatives Chaos, das sich wegen seiner spontanen Verhaltensweise selbst nach gelegentlichen Anflügen von Ordnungsliebe immer wieder neu einstellt.

Entsprechend sieht dann bei einem Sponti auch sein Umgang mit der Zeit aus. Ständig kommt, wenn er feste Termine wahrzunehmen hat, etwas dazwischen: ein längeres Gespräch, ein plötzlicher Besuch, ein dringend notwendiger, vorher nicht bedachter Einkauf, eine besonders interessante Fernsehsendung usw. Der Sponti verpaßt oft seinen Zug, läßt Briefe lange Zeit unbeantwortet liegen und wird mit begonnenen Arbeiten selten rechtzeitig fertig.

Natürlich gibt es diese beiden Grundtypen nicht nur in Reinkultur, sondern mit zahlreichen Zwischenstufen, so daß manche von uns hier »Mischlinge« sind, auch wenn vielleicht die eine von beiden Seiten überwiegt. Dennoch haben wir sicher alle schon Auseinandersetzungen zwischen »reinrassigen« Planern und Spontis erlebt. Dem Planer erscheint der Sponti ein Chaot, während umgekehrt der Sponti den Planer für einen Pedanten hält. Ein Übermaß an Planung, so befürchten manche, kann einen Menschen verkrampft machen. Er verliert die Fähigkeit, unmittelbar und natürlich zu handeln. Er büßt an kreativer Dynamik ein. Und wenn erst einmal die meiste Zeit verplant ist, so kann bereits eine kleine unerwartete Verzögerung das ganze, mühsam konstruierte Planungsgebäude zum Einsturz bringen.

Andere betonen das Umgekehrte: ein Mangel an Planung und Zeit-Disziplin, so stellen sie fest, führt zum Durcheinander und letztlich zum Mißerfolg. Selbst ein sehr aktiver, fähiger, kreativ begabter Mensch bleibt im Gestrüpp seiner Ideen und Vorhaben hängen, wenn er ihre Bewältigung nicht organisieren, d.h. in zeitlich überschaubare, durchführbare Einzelschritte zerlegen kann. Wer stets nur spontan das tun will, was ihm gerade einfällt (und wozu er gerade Lust hat), der wird auf Dauer viel weniger zustande bringen als das, was seinen Fähigkeiten eigentlich entsprechen würde. Er wird vielleicht in Schule, Studium oder Berufsausbildung scheitern, weil er immer die geforderten Leistungen nicht termingerecht erbringen kann. Oft wird ein solcher Mensch wegen seiner Unzuverlässigkeit und Sprunghaftigkeit auch im Zusammenleben mit anderen eine schwere, konfliktträchtige Belastung darstellen. Sie werden vielleicht zu einer vereinbarten Besprechung auf ihn warten, während er aufgrund eines plötzlichen Bedürfnisses in einer Eisdiele sitzt.

Ganz gewiß gibt es Dinge in unserem Zeit-Erleben, die wir niemals planen können. Dazu gehören die schöpferischen Einfälle eines Künstlers oder Forschers, die sich ja nicht nach der Uhr einstellen. Dazu gehört der Anblick eines besonders schönen Sonnenuntergangs, die Begegnung mit einem Menschen, der uns etwas Ungewöhnliches zu vermitteln hat oder der in einer dringenden Not ist und unsere persönliche Hilfe braucht. Dazu gehören so manche von den schönsten und wertvollsten Erlebnissen, die uns vergönnt sind. Und selbstverständlich gehören dazu leidvolle Erfahrungen wie Krankheit oder Mißerfolg, die zu jahrelangen Verzögerungen oder zu grundsätzlichen Änderungen im Ablauf des Geschehens führen. Nur ein gefühlskalter Banause könnte meinen, sie würden in ein planbares Zeit-Schema passen.

Dummke hatte vorgesehen, daß jeden Samstagnachmittag seine beiden Kinder mit ihren Problemen zu ihm kommen sollten: Sabine von 14.00 bis 14.45 Uhr, Thomas von 14.45 bis 15.30 Uhr. Schwierig wurde dies jedoch immer, wenn a) Sabine oder Thomas beim besten Willen zu dieser Zeit nicht frei waren, b) wenn sie gar keine Probleme hatten, c) wenn mit einem von beiden ein wichtiges Thema zu besprechen war, das mehr als 45 Minuten erforderte oder d) wenn gar ein dringendes Problem bereits am Montag auftauchte, also fünf lange, qualvolle Wartetage erforderlich machen würde und am Samstag vielleicht schon nicht mehr aktuell war, z.B. eine am Mittwoch geschriebene Klassenarbeit. Doch an anderen Werktagen hatte Dummke dafür keine Zeit, so meinte er. »Nimm dir doch ein Beispiel an deinem Zahnarzt«, meinte sein Freund Schlauke: »Der plant auch nicht im voraus, wann du Zahnschmerzen haben sollst, und wenn es schlimm ist, hilft er dir sogar außerhalb der Sprechzeit.« Worauf Dummke schlagfertig zu sagen wußte: »Ja, aber mit den normalen Zahn-

schmerzen muß ich pünktlich da sein, wenn ich bestellt bin.«

Im Prinzip ist beiden Beobachtungen zuzustimmen. Vielleicht neigt jeder von uns dazu, bei den nie abreißenden Auseinandersetzungen zwischen Planern und Spontis Partei zu ergreifen und die jeweils andere Gruppe zur eigenen Lebensart bekehren zu wollen. Was wir aber statt dessen dringend brauchen, ist die Einsicht, daß es auf dieser Ebene kein Entweder-Oder geben darf, sondern daß das Leben ein Sowohl-als-auch von uns erwartet, wenn wir es sinnvoll bewältigen wollen. Gerade beim Umgang mit der Zeit gibt es bestimmte Gebiete, auf denen sorgfältige Planung und Effizienz notwendig und auch ein gewisses flottes Tempo angebracht ist, und andere, die sich jeder Planung entziehen.

Planung hat einen Sinn überall da, wo es um vorhersehbare, überschaubare Dinge geht. Vor jeder Autofahrt ist es vernünftig, mit Hilfe einer Landkarte die Fahrtroute und den zeitlichen Verlauf zu planen – mit einem angemessenen Zeitpolster für Staus oder andere Verzögerungen. Bei Routinearbeiten, die wir schon häufig erledigt haben, ist es von großem Nutzen, den Zeitbedarf zu kennen und sinnvoll einzuplanen; denn so kann am ehesten erreicht werden, daß wir rechtzeitig und doch ohne Hektik damit fertig werden. Beim Weg zu einer termingebundenen Veranstaltung ist es äußerst wichtig, genau zu wissen, wie lange wir von der eigenen Tür bis zum Treffpunkt benötigen, und auch hier ist es gut, einen genügenden zeitlichen Spielraum zu lassen, um auf jeden Fall vor Beginn an Ort und Stelle zu sein.

Aber auch bei nicht termingebundenen Vorhaben, die einen längeren Zeitraum erfordern, z.B. beim Durcharbeiten eines umfangreichen Buchs, ist es wichtig, den Zeitbedarf richtig abschätzen und planen zu können. Wenn das Buch 400 Seiten hat und ich bei seinem Schwierigkeitsgrad etwa 20 Seiten pro Stunde bewältigen kann, benötige ich etwa zehn Abende mit je zwei Stunden konzentrierten Lesens. Wenn das Ganze dringend ist – vielleicht ein Teil eines größeren Studienvorhabens –, dann wird es gut sein, diese Abende im voraus auf dem Terminkalender festzulegen und von anderen Programmen freizuhalten. Wenn ich aber vorsichtigerweise zwölf Abende für dieses Vorhaben einplane, so ist das Ziel selbst dann noch erreichbar, wenn an zwei dieser Abende etwas ganz Wichtiges unvorhergesehen dazwischenkommen sollte. Gemeint sind Fälle wie ein Brand im Nachbarhaus, wenn ich beim Löschen helfe, oder eine Grippe, die mich ins Bett bringt. Nicht gemeint ist ein »wichtiges« Fußballspiel, das im Fernsehen übertragen wird, denn dieser Fall wurde ja bei der Entscheidung für die zwölf Arbeitsabende bereits mit einer geringeren Priorität eingestuft, um den Erfolg nicht zu gefährden.

Natürlich will Planung gelernt sein. Sie muß den Erfordernissen realistisch angepaßt werden, wozu eine regelmäßige, möglichst präzise Überprüfung des Erfolgs das beste Hilfsmittel ist. Sie kann mehr als alle Vorsätze oder Theorien dazu beitragen, daß wir unsere Planungsfähigkeit schrittweise verbessern. Sonst wird jemand, der falsch bzw. unrealistisch geplant hatte, durch die unvermeidlichen Mißerfolge eher frustriert resignieren, statt weiter zu lernen, wie man besser plant. Er wird weiterhin trotz guter Vorsätze sozusagen den Betrieb in der Praxis des Zahnarztes durch Unpünktlichkeit durcheinanderbringen, auch wenn es sich um »normale Zahnschmerzen« handelt.

Das Interesse am Umgang mit der Zeit besteht gerade daran, daß beide Gesichtspunkte zutreffen und daß zwischen ihnen eine äußerst fruchtbare Spannung besteht. Nur wenn wir dies begreifen und nicht mehr versuchen, einen von beiden Polen dieses Spannungsverhältnisses zugunsten des andern zu leugnen oder zu verdrängen, werden wir bei der Suche nach der Zeit unseres Lebens vorankommen.

Nachdem Dummke eine Zeitlang fast den gesamten Tagesablauf geplant hatte und damit gescheitert war, beschloß er, von nun an auf jede Planung zu verzichten. Jetzt wollte er nur noch sich selbst verwirklichen und immer tun, was ihm gerade einfiel und Spaß machte, selbst wenn sich diese Einfälle alle paar Minuten änderten. Dem Abendessen am Familientisch blieb er fern, wenn er schon vorher seinen Appetit am Kühlschrank befriedigt hatte. Den Zahnarzt ließ er das nächste Mal zur vereinbarten Zeit einfach vergeblich warten, weil Dummke gerade keine Lust auf Zahnbehandlung hatte, sondern endlich einmal einen Einkaufsbummel durch die Stadt machen wollte. Einen geharnischten Brief vom Finanzamt zerriß er nach flüchtiger Betrachtung; denn ihm war nicht danach zumute, ihn zu Ende zu lesen. Als sein Freund Schlauke dies erfuhr, meinte er am Telefon: »Wie gut, daß du nicht Zugführer bei der Bundesbahn bist! Sonst würde ja dein Inter-City immer erst dann losfahren, wenn du Lust dazu hast. Stell dir nur das Chaos vor, das du anrichten würdest!«

Wer es lernt, seine Zeit zu planen, der gewinnt dadurch an Freiheit, an dynamischer Ruhe, auch an persönlicher Souveränität. Die Kunst der Zeitplanung kann sogar zu einem ästhetischen Vergnügen und zu einem wertvollen Erfolgserlebnis werden. Wie auf einem Musikinstrument bringen es manche darin zu einer bewunderswerten Virtuosität.

Die Mindestausstattung für den Umgang mit der Zeit besteht in einer Uhr und einem Terminkalender – vorausgesetzt natürlich, daß wir beides intensiv benutzen und nicht im entscheidenden Augenblick aus dem Auge verlieren. Was die Zeit-Buchhaltung anbetrifft, so fällt auf, daß sie manchen Leuten schwerfällt, die sich gut mit Finanzbuchhaltung auskennen und auf diesem Gebiet vielleicht die modernsten elektronischen Hilfsmittel benutzen. Daß also selbst manche Planer-Typen ihre planerischen Fähigkeiten und Kenntnisse beim Umgang mit der eigenen Lebenszeit nicht oder nur in primitiver Weise anwenden, hängt gewiß damit zusammen, daß wir im Umgang mit der Zeit viel stärker emotional, viel weniger rational handeln als auf anderen Lebensgebieten.

Auf der anderen Seite gibt es Lebensinhalte und Situationen, bei denen wir die Zeit nicht qualitativ messen und auf die Uhr schielen dürfen, sondern wo es darum geht, ihren Inhalt ganz offen, echt und in aller Tiefe zu erleben. Hier begegnet uns die Zeit nicht quantitativ, sondern qualitativ.

Nur wer die Dinge in ihrem Zeitablauf gut plant, die sich planen lassen, und wer zudem die Fähigkeit entwickelt, seine eigenen Pläne im Rahmen des sinnvoll Möglichen auch einzuhalten, nur der gewinnt die Freiräume, um auch in unvorhergesehenen Situationen spontan handeln zu können, ohne daß dadurch ein Zeit-Chaos mit entsprechenden schädlichen Folgen für ihn selbst oder für andere entsteht.

Manche Zeitgenossen mögen – wie es Ernst Jünger in seinem Sanduhr-Buch von sich selbst darlegt – einer längst vergangenen Epoche nachträumen, in der der Mensch ohne Uhr auskam. Die Verbundenheit mit der Natur und ihren Rhythmen bestimmte sein Zeitgefühl und seine Arbeit. Heute ist es wohl nur ganz wenigen Menschen in unserer Kultur vergönnt, ganz ohne uhrzeitgebundene Termine leben zu können. Nicht einmal einem Schriftsteller, der ja keinen Arbeitsvertrag zu erfüllen braucht, wird dies durchgehend gelingen. Auch er wird für die Orientierung in der Zeit eine Uhr ebenso brauchen wie für die Orientierung im Raum Landkarten, Wanderkarten oder Ortspläne. Aber ist es denn eines gebildeten Menschen in unserer Epoche würdig, den quantitativen Aspekt der Zeit zu verdrängen und von einem vergangenen Paradies zu träumen, wo es nur den qualitativen Aspekt gab? Mir scheint, dies ist genauso einseitig und dem Leben abträglich wie das andere Extrem, bei dem ein Mensch sein Dasein nur als Techniker der Stoppuhr und der zeitlichen Planerfüllung fristet, ohne den eigentlichen Sinn zu finden, den keine Zeitmessung erfassen kann.

Das Hauptanliegen dieses Buches besteht darin, bei einer Überwindung der schädlichen Polarisierung zwischen diesen beiden Auffassungen von der Zeit zu helfen und dazu beizutragen, daß wir alle besser lernen, die quantitative u n d die qualitative Seite der Zeit zu verstehen, jedes von beiden in dem richtigen Rahmen. Erst wenn wir begreifen, daß zwischen planendem und spontanem Umgang mit der Zeit kein Gegensatz besteht, werden wir ein dynamisches, fruchtbares Verhältnis zu der uns geschenkten Zeit gewinnen.

2.2 Das Grundprinzip der Prioritätenfindung

Viele Menschen leben ziellos vor sich hin, da sie sich im Strom ihrer Zeit einfach treiben lassen. Für sie mag das Leben so verlaufen, wie es in einer Parodie auf ein Gedicht Goethes heißt:

Ich ging im Wald so für mich hin,
und nichts zu suchen war mein Sinn.
Da kehrt' ich heim nach vielen Stunden
und hatte wirklich nichts gefunden.

In diese Gruppe gehören insbesondere diejenigen bedauernswerten Mitmenschen, die als Lebensziel die sogenannte Selbstverwirklichung betrachten, aber natürlich darunter leiden, daß ihr »Selbst« undefiniert ist. Sie bleiben daher ziellos hin- und hergerissen zwischen unklaren, ihnen nicht immer bewußten Bedürfnissen und Gefühlen, die mitunter von einem Augenblick zum nächsten wechseln. Die Folge ist natürlich, daß ein solcher Mensch bestenfalls manchmal kurzfristige Pläne verwirklichen kann, daß aber die wertvolleren Ziele, deren Verwirklichung einen längeren, konzentrierten Einsatz erfordert, unerreicht bleiben.

Andere kommen mit der Planung ihres Lebens durchaus soweit, ein Ziel konsequent anstreben und erreichen zu können, auch wenn dies ein paar Jahre disziplinierter Anstrengung erfordert, etwa eine Ausbildung bis zur Meisterprüfung, ein intensives Training bis zum Spitzensportler, ein mehrjähriges Studium oder dergleichen. Doch stellt sich für jeden von ihnen in einer späteren Lebensphase nach solchen Erfolgen die Frage, ob diese Ziele schon den Sinn des Ganzen ausmachen und ob nicht ihr Leben, um auf Dauer sinnvoll zu sein, ein noch höheres Gesamtziel benötigt.

In der Zeit der Weimarer Republik interessierte sich ein junger Mann leidenschaftlich für Raketen und begann seine Laufbahn als jugendlicher Bastler. Er war von dem Ziel fasziniert, Raketen zu bauen, mit denen der Mensch eines Tages zum Mond fliegen könnte. Dieses Ziel, das offenbar die höchste Priorität in seinem Leben besaß, steuerte er mit äußerster Einsatzbereitschaft an, und trotz all der politischen Wechsel und Zusammenbrüche des 20. Jahrhunderts erreichte er es eines Tages von den USA aus, wo er eine neue Heimat gefunden hatte.

Berichtet wird von einem Schüler auf einem Gymnasium in Rheinland-Pfalz, der auf die Frage nach seinem Berufswunsch angab: »Ich will Bundeskanzler werden«. Das Erstaunliche war bei ihm die Konsequenz und Ausdauer, mit der er dieses Ziel anstrebte, bis er es eines Tages erreichte: er wurde Bundeskanzler und blieb sogar länger als alle seine Vorgänger.

Natürlich müssen solche Ziele im Einklang mit den Fähigkeiten und Möglichkeiten eines Menschen stehen. Ein wesentlicher Teil der Reifung zum Erwachsenen besteht gerade darin, zu einer realistischen Selbsteinschätzung zu kommen und die Zielsetzung aufgrund von Erfolg oder Mißerfolg sinnvoll und realistisch zu revidieren. Wo dieser Reifungsprozeß ausbleibt, tritt nach Fehlschlägen oft nur eine lebenslange Resignation ein.

Wer eine weite Reise machen will, der braucht in aller Regel Klarheit über das Ziel und Landkarten für die Reiseplanung wie für die Orientierung unterwegs. Natürlich ist es auch möglich, auf gut Glück ungeplant zu reisen; aber die meisten von uns werden dabei nicht weit kommen. Mag auch sein, daß jemand eine Art Reise-Genie ist: er findet spontan und ungeplant die interessantesten Orte und die schönsten Landschaften. Er findet sein Reiseziel gefühlsmäßig, ohne auch nur auf Wegweiser zu achten. Für die meisten von uns dürfte dies aber nicht zutreffen: wir brauchen eine gute Reisevorbereitung; es sei denn, wir würden uns einer Massenreise so anschließen, daß wir jede Planung anderen überlassen.

Und bei der Reise durch das Leben? Auch hier mag es Menschen geben, die ungeplant vor sich hinleben und dabei, wie es scheint, einigermaßen zurechtkommen. Die meisten aber, die dies versuchen, finden sich sehr bald in unerwünschten Lebenssituationen wieder, und spätestens gegen Ende der Reise bemerken sie resigniert, daß sie allerlei Wesentliches, vielleicht sogar das Wichtigste überhaupt dabei versäumt haben. Dann heißt es: »Ich wünschte, ich hätte damals ein paar Jahre mehr auf meine Ausbildung oder mein Studium verwendet; dann wäre ich heute nicht in diesen persönlichen oder wirtschaftlichen Schwierigkeiten.« »Ich bedaure, daß ich mich zu früh an eine Frau oder einen Mann gebunden habe. Hätte ich damals begriffen, daß die Zeit für eine solche Bindung noch nicht reif war, dann wäre uns beiden viel späterer Kummer erspart geblieben.« So oder so ähnlich lauten dann späte Einsichten...

Eine Zeitlang hatte Dummke sich viel vorgenommen. Er wollte sich auf ein Studium vorbereiten und besuchte des-

halb nach Feierabend an mehreren Wochentagen Abendkurse. Er spielte aber auch im Fußballverein mit und wollte regelmäßig dafür trainieren. Ferner beschäftigte er sich viel und intensiv mit seiner Briefmarkensammlung. Außerdem traf er sich gerne mit seinen Freunden am Stammtisch, um mit ihnen ausführlich über Gott und die Welt zu diskutieren. Schließlich war er noch Amateurfunker und auch aktiver Segelflieger. Und nicht zu vergessen: eine Familie hatte er ja eigentlich auch; wiewohl nicht viel Zeit für sie übrig blieb, weil er immer so wichtige Termine wahrzunehmen hatte.

»Was ich tue«, erklärte Dummke, »das sind doch lauter gute Sachen. Die Summe von lauter Gutem kann doch nicht schlecht sein.« Sein Freund Schlauke war allerdings ganz anderer Meinung. »Schlecht ist«, erklärte er, »daß du das alles zusammen tust und dich dabei hoffnungslos verzettelst. Du kommst mir so vor«, sagte Schlauke, »wie einer, der beim Radfahren ein Würstchen essen, einen Kaugummi kauen, ein Lied für den Gesangverein üben und noch Vokabeln pauken will.«

Die Erkenntnis, um die es hier geht, ist einfach zu verstehen, wenn auch mitunter sehr schwer zu praktizieren: Wer planvoll handeln und ein Zeit-Chaos vermeiden will, der muß klare Ziele vor Augen haben. Und wenn für die meisten von uns bisweilen die Aufgabe besteht, mehrere Ziele gleichzeitig anzustreben, also mehrere Punkte im Lebensprogramm nebeneinander zu erfüllen, dann ist es um so wichtiger, zwischen diesen Zielen eine Rangordnung festzulegen, also Prioritäten zu setzen. Ein vernünftiger Gesamtüberblick wird uns dazu helfen, bestimmte Ziele zu streichen oder auf einen späteren Zeitabschnitt zu verschieben, um dann seine Zeit so gut einteilen zu können, daß sie für die übrigen Inhalte ausreicht, zumindest für die mit hoher Rangordnung.

Wer klare Ziele vor Augen hat, der kann konsequenter, »zielbewußter« handeln als ein anderer. Wer sich am Morgen realistisch überlegt, was er an Wichtigem heute schaffen will und kann, der wird viel mehr erreichen als ein anderer, der einfach in den Tag hineinlebt, und sei er dabei auch noch so aktiv und betriebsam. Wer gar den heutigen Tag als Teil einer langen Kette von Tagen sieht und ihn sinnvoll den mittel- und langfristigen Zielen einordnet, die er sich gesetzt hat, für den wird der Verlauf jedes seiner Tage, Monate und Jahre erfüllter. Denn vieles läßt sich im Leben nun einmal nur dann verwirklichen, wenn man es viele Tage – es mögen Dutzende oder auch Tausende sein – hindurch konsequent im Auge hat, ihm eine hohe Priorität einräumt und gewissermaßen den Wecker danach stellt.

Große Leistungen auf sportlichem, künstlerischem, wissenschaftlichem, wirtschaftlichem oder politischem Gebiet setzen selbst bei einem, der dafür äußerst begabt ist, eine solche jahrelange, zielstrebige Arbeitsdisziplin voraus – einschließlich gewisser Verzichte in anderen Lebensbereichen. Denn selbst wenn Begabung und Fleiß vorhanden sind, so gehört zu den weiteren Faktoren des Erfolgs immer noch Selbstorganisation einschließlich einer durch Übung immer mehr verfeinerten, disziplinierten Zeitplanung.

Planung ist um so notwendiger und wertvoller, je mehr Einzelschritte, je mehr Ausdauer und Energie die Verwirklichung eines Vorhabens erfordert. Negativ ausgedrückt: größere Vorhaben kommen bei vielen einfach deshalb nicht zustande, weil sie nie wirklich geplant werden oder weil jemand seine eigenen längerfristigen Pläne ständig unter dem Impuls des Augenblicks umwirft oder gefährdet und so mit ihrer Verwirklichung nicht weiterkommt. So mancher erreicht den ursprünglich angestrebten Abschluß einer weiterführenden Schule, eines Studiums oder einer Berufsausbildung nur deswegen nicht, weil es ihm nicht gelingt, mit der nötigen Planung und Selbstorganisation seine eigenen Kräfte für die Erreichung dieses Zieles zu bündeln und zu mobilisieren.

Manchmal sind es durchaus Begabte, die auf diese Weise scheitern, nur weil ihnen die Fähigkeit zur Planung, zur klaren Setzung und Einhaltung von solchen Zielen fehlt.

Das Grundprinzip der Prioritätensetzung ist nach allem jetzt Gesagten ein doppeltes: einerseits muß ich, um in der augenblicklichen Stunde das Richtige zu tun, wissen, wie ich den heutigen Tag als Ganzes einzuteilen vorhabe. Dies aber setzt voraus, daß ich mir klar bin, welche Ziele ich in einem größeren, überschaubaren Zeitraum anstrebe: in einer Woche, in einem Monat, einem Jahr. Dies aber läßt sich eigentlich nur erkennen und beschreiben, wenn ich mir klar darüber bin, welchen Zielen mein Leben als Ganzes dient bzw. dienen soll.

Denken wir an einen Menschen, der ein mittleres oder auch ein größeres Ziel konsequent angestrebt und tatsächlich erreicht hat. Angenommen, er ist Weltmeister seiner Sportart geworden, hat eine erhoffte politische Spitzenposition tatsächlich erreicht, ist zum erfolgreichen Manager und Millionär aufgerückt, oder er hat aufgrund seiner bahnbrechenden wissenschaftlichen Erfolge den Nobelpreis erhalten. Unweigerlich wird sich danach für ihn die Frage stellen, ob die Erreichung dieses Zieles der Sinn seines Lebens ist bzw. war.

Selbst wer ideelle Ziele verfolgt hat, also Gutes tun, der Menschheit helfen, eine bestimmte Gesellschaftsordnung erkämpfen wollte, kommt irgendwann zu den eben erwähnten Zweifeln. Meist kommen bei dem Streben nach ideellen Zielen noch die Enttäuschungen darüber hinzu, daß die guten Absichten aus mancherlei Gründen an der Wirklichkeit der Menschen und ihrer Welt scheitern. So werden Idealisten in aller Regel bereits nach wenigen Jahren zu resignierenden Ex-Idealisten. Die ungelöste Frage nach dem höchsten, sinngebenden, unzerstörbaren Lebensziel verfolgt gerade solche Menschen besonders stark, die sich in anerkennenswerter Weise nicht von rein ich-bezogenen, sondern durchaus von altruistischen Zielen leiten lassen, also auf die eine oder andere Art das Wohl des Mitmenschen im Auge haben oder hatten.

Wer also die Frage der Zeitplanung im Hinblick auf die notwendige Zielklarheit ganz konsequent betreibt, der wird auf die Frage nach Gott als dem sinngebenden Schöpfer des Kosmos wie des einzelnen Menschen stoßen. Er wird so der einzigartigen Antwort begegnen, die die Bibel auf diese Frage gibt: der Mensch ist als Dialogpartner Gottes geschaffen, und zwar so, daß das Ziel menschlicher Existenz darin besteht, in dieser Partnerschaft, in der personalen, erfahrbaren Gemeinschaft mit Gott und dem täglichen Fragen nach dem Willen Gottes im Rahmen seiner eigenen Lebensbedingungen die höchste Erfüllung zu finden.

Das Überraschende für uns als nüchterne, vom Denken geprägte Menschen der Wende zum dritten Jahrtausend ist die Tatsache, daß diese lebensverändernde Erfahrung auch unteren Daseins- und Bewußtseinsbedingungen möglich ist: die Begegnung mit dem lebendigen Gott wird denen geschenkt, die schlicht und bewußt Jesus Christus als »den Weg, die Wahrheit und das Leben« (Joh 14,6) ergreifen und sich vertrauend, also glaubend im tieferen Sinn des Wortes, an ihn wenden. Wo dies geschieht, erfahren wir Gott als den prägenden Inhalt und den Einsatz für ihn als das höchste Ziel unseres Lebens. Die Auswirkungen dieser Verbundenheit mit Gott auf den Zeithorizont eines Glaubenden hat einer der biblischen Autoren mit dem unübertrefflich klaren und tiefsinnigen Satz beschrieben: »Meine Zeit steht in deinen Händen« (Ps 31,16). Wir kommen am Ende dieses Buches darauf zurück.

Richtige Zeitplanung erfordert also, daß der gewollte Inhalt jedes kleineren Zeitabschnitts, jeder Stunde und jedes Tages also, in das Programm für den nächstgrößeren Abschnitt einbezogen wird, dieses wieder in die Zielsetzung für einen noch größeren Teil des Lebens bis hin zu den ganz großen Zielen. An letzter Stelle steht in dieser Hierarchie der Ziele die von Gott empfangene Sinngebung und Berufung eines Menschenlebens.

Kurzfristige Ziele lassen sich sehr konkret und detailliert planen. Dagegen lassen sich große, lang- und mittelfristige Ziele nur relativ allgemein formulieren, ohne daß sich die erforderlichen Schritte bereits im zeitlichen Detail planen lassen. Wer die Absicht hat, nächstes Jahr sein Haus zu renovieren, der wird gut daran tun, schon jetzt den ungefähren Zeitbedarf dafür abzuschätzen und vorzumerken; denn andere Vorhaben wie z.B. eine Urlaubsreise müssen ja rechtzeitig darauf eingestellt werden. Dagegen hätte es keinen Sinn, schon heute festzulegen, an welchem Tag welcher Raum tapeziert werden soll. Je länger der Zeitraum ist, den eine Planung betrifft, desto flexibler muß sie natürlich in den Einzelheiten sein.

Es bleibt festzuhalten, daß sich im Leben zumindest die größeren Ziele nur dann erreichen lassen, wenn wir sie bewußt anstreben und viele Jahre hindurch bei der persönlichen Zeiteinteilung mit hoher Priorität versehen. Dabei kommt es darauf an, jedes solche Ziel nach und nach in einzelne überschaubare Schritte zu zerlegen und diese dann Jahr für Jahr, Monat für Monat und Tag für Tag der Reihe nach zu verwirklichen. Erfolgreiche Planung muß also vom Großen ausgehen und zum Mittleren und Kleinen fortschreiten. Aber sie muß aufgrund von Erfolg und Mißerfolg in kurzen Zeitabständen aktualisiert, also fortgeschrieben werden.

Handeln im Zeithorizont bedingt, soweit es nicht durch äußere Umstände fest vorgegeben ist, immer eine Auswahl zwischen verschiedenen Möglichkeiten. Planvolles Leben für den Glaubenden bedeutet, diese Auswahl nicht der Laune des Augenblicks zu überlassen, sondern innerhalb des von Gott gegebenen Lebensprogramms sehr bewußt nach den von ihm gesetzten Prioritäten zu entscheiden. Dabei ist die Entscheidung zwischen ethischen Werten unter Umständen noch am leichtesten zu treffen: einen liebevollen Brief zu schreiben ist besser, als an einer Demonstration mit haßerfüllten Transparenten und Sprechchören teilzunehmen. Schwieriger ist die Entscheidung zwischen zwei oder mehreren Möglichkeiten, einen Abend zu verbringen, wenn sie – ethisch betrachtet – gleichwertig zu sein scheinen. Soll ich einen guten Freund besuchen oder ein wertvolles Buch lesen? Bei solchen Entscheidungen ist es wichtig, die eigenen Prioritäten so klar vor Augen zu haben, daß sich erkennen läßt, welche von beiden Möglichkeiten heute abend die höhere Priorität hat.

Jeden Morgen sollten wir daher im Detail die Planung für den Tag überdenken und auf den neuesten Stand bringen. Dabei ist es äußerst wertvoll, diese Vorhaben schriftlich festzuhalten – sei es in einem Terminkalender, sei es in einem Computerkalender, den sich jeder PC-Besitzer ohne Bedarf an fremder Software für diesen Zweck leicht selbst einrichten kann (Näheres dazu siehe Kapitel 3). Denn bereits die sprachliche Formulierung eines Vorhabens (Wagen zum TÜV anmelden; Müller anrufen wegen gewünschtem Buch-Zitat; Referat für Mittwoch heute fertigstellen; Französisch: Kapitel 4 wiederholen) stärkt den Willen, es auch wirklich zu tun. Außerdem wirkt sie unserer Neigung entgegen, Dinge zu vergessen, und schließlich ermöglicht eine Liste der zu erledigenden Vorhaben natürlich einen viel besseren Überblick – einschließlich einer ungefähren Festlegung von Uhrzeit und Zeitbedarf, falls erforderlich – als wenn jemand sich nur rein gefühlsmäßig von dem Eindruck in Hektik versetzen läßt, daß er »heute viel zu tun« hätte.

Wahrscheinlich werden wir nicht auf dem Terminkalender zu vermerken brauchen, daß wir morgen frühstücken möchten. Zur Planung sollten jedoch alle die Tätigkeiten und Termine gehören, die wichtig sind und bei denen sonst die Gefahr bestehen würde, daß sie unterbleiben könnten. Dabei werden wir uns mit etwas Selbstkritik daran erinnern, welche Dinge wir in der Vergangenheit schon gelegentlich, vielleicht sogar häufig vergessen haben.

Das Gesagte gilt in erhöhtem Maß für diejenige Planung, die »über den Tag hinaus« geht. Denn da die Zeit ungeheuer kostbar ist, kommt es darauf an, sie sinnvoll zu verwenden. Gerade unsere mittel- und langfristigen Vorhaben werden wir um so weniger aus den Augen verlieren, je klarer wir sie bewußt formuliert haben und je regelmäßiger wir sie schriftlich vor Augen haben. Warum nicht aus der Liste der schriftlich fixierten längerfristigen Vorhaben unter Beachtung der gesetzten Prioritäten jeden Morgen die festlegen, für deren Verwirklichung heute ein konkreter, näher abzugrenzender Schritt vorgesehen wird?

Die Entscheidung über kleine Einzelschritte wird uns wesentlich erleichtert, wenn – wie soeben ausgeführt – die Koordinaten im Großen bereits feststehen. Wer sich entschieden hat, im laufenden Jahr intensiv Geige zu spielen und ein bestimmtes Niveau dabei zu erreichen, der wird kaum vier Abende in einer bestimmten Woche mit Fußball, Diskothek, Fernsehfilmen oder Briefmarkenalben verbringen. Er wird sich jedoch im voraus überlegt haben, wie viele Abende pro Woche er für das systematische Geigenspiel reservieren möchte. Dies sollte ihm immer noch den Freiraum lassen, bei wichtigen unerwarteten Anlässen umzudisponieren; aber er wird ein Augenmaß für die Anzahl der Geigenabende behalten und mit der nötigen Disziplin dafür sorgen, daß sie im ganzen etwa eingehalten wird.

Wer weiß, daß er im Laufe des Jahres 5 kg abnehmen möchte, der wird aufgrund dieser Prioritätensetzung leicht zu der Entscheidung kommen, eine Einladung zum Hähnchenessen abzulehnen, und er wird sich vielleicht angewöhnen, grundsätzlich auf Schlagsahne zu verzichten – zumindestens solange, bis der geplante Gewichtsrückgang erreicht ist. Genauso erfordert die richtige Zeiteinteilung, die Neigungen des Augenblicks an der Dringlichkeit übergeordneter Pläne zu messen. Nicht nur aus ethischen Gründen gilt es mitunter, nein zu sagen, sondern oft auch aufgrund eines zielgerichteten, verantwortungsbewußten Zeit-Gewissens.

2.3 Die drei Formen des Zeitgewinns

Wem die Zeit knapp ist, dem stehen – theoretisch gesprochen – drei Wege offen, um mehr Zeit zu gewinnen:
1. Steigerung des Tempos
2. Erhöhung der Effizienz
3. Verbesserung der Planung.

1. Steigerung des Tempos

Unsere gesamte westliche Zivilisation hat in den letzten Generationen nach immer schnellerer Bewältigung möglichst vieler Vorgänge gesucht. Reisen, die früher in der Pferdekutsche Wochen benötigten, schaffen wir heute im Flugzeug, im ICE-Zug oder im Auto in wenigen Stunden. Eine automatisierte Produktion erzeugt hochkomplizierte elektronische Geräte in Minuten, für die die älteren Methoden der Handfertigung, sofern sie in solcher mikroskopischen Feinheit überhaupt möglich gewesen wäre, Jahre benötigt hätten. Und auf solchen Gebieten der Forschung, wo sich superschnelle Höchstleistungsrechner einsetzen lassen, hat sich dadurch das Tempo des Fortschritts in einem früher unvorstellbaren Maß gesteigert. Die Hersteller vieler Maschinen und Geräte – vom Automobil über den Laser-Drucker bis zum Zahnbohrer und zum elektrischen Rasierapparat – wetteifern miteinander darin, wessen Produkt das schnellere ist.

Selbstverständlich hat diese Entwicklung uns allen Zeitersparnisse gebracht, von denen wir täglich profitieren. Dies sollten wir dankbar anerkennen und die uns gegebenen Möglichkeiten sinnvoll gebrauchen. Dabei gilt es, die Auswüchse in unserer Entwicklung zu erkennen, zu kritisieren und möglichst zu heilen, bei denen die Steigerung des Tempos zum Selbstzweck geworden ist. An so manchen Stellen hat sie zweifellos zu einer Verarmung von Menschen geführt oder auch andere psychische Schäden verursacht. Dies gilt beispielsweise für die intensive Berieselung mit Fernsehsendungen, der sich leider Millionen von Menschen aussetzen, ohne der oft schnell und rücksichtslos wechselnden Kamera-Einstellung geistig gewachsen zu sein. Zu den Folgen gehören Konzentrationsschwäche und Lernstörungen. Zu denken ist auch an alle diejenigen, die im Produktionsvorgang dem rasanten Arbeitstempo, das durch schnelle Maschinen vorgegeben ist, nicht mehr gewachsen sind und gesundheitliche Schäden davontragen. Zu erwähnen sind schließlich aber auch solche Spitzenkräfte in Politik, Wirtschaft und Wissenschaft, deren Terminkalender heute in schnellem Wechsel Sitzungen und andere Einsätze an den verschiedensten Orten mit sich bringt: der schnelle Ortswechsel ist zwar im Düsen-Jet oder Hubschrauber technisch möglich; doch nehmen oft dabei die Psyche und die Gesundheit eines Menschen Schaden, zumindest dann, wenn er längere Zeit hindurch in einem solchen übersteigerten Lebenstempo ohne die nötige Entspannung dahinhetzt.

Selbstverständlich gibt es im Leben Dinge, bei denen das richtige Zeitmaß unserer Entscheidung völlig enthoben ist. Jeder Versuch, dieses Zeitmaß zu beschleunigen, würde das Ganze entwerten und zerstören. So könnte noch nicht einmal ein Ehepaar von Hundertmeter-Läufern der Weltspitze die Dauer einer Schwangerschaft verkürzen. Aber daneben gibt es sehr viele Dinge im Alltag, die eine Beschleunigung sehr wohl vertragen können, ohne auch nur im geringsten an Wert zu verlieren. Um eine Tasse Kaffee zuzubereiten, um ein paar Briefumschläge zu frankieren, um ein Zimmer aufzuräumen oder dergleichen, braucht man gewiß bei zügigem Verhalten (und zeitsparender Methode) erheblich weniger Zeit, als bisher angenommen.

Völlig unangebracht wäre es also, aus den erwähnten schlimmen Folgen eines falschen Geschwindigkeitsrausches, die unbestreitbar sind, eine pauschale Kritik an unserer Zivilisation und Technik herzuleiten und alle Errungenschaften zu verteufeln, die irgendwo zur Steigerung der Geschwindigkeit geführt haben. Nach der gleichen Logik könnte man alle Gewässer verteufeln, in denen schon Menschen ertrunken sind.

Ohne Bild gesprochen: nicht schnelle Flugzeuge oder Maschinen sind abzulehnen, sondern wir alle müssen besser auf einen verantwortlichen, sinnvollen Umgang mit ihnen vorbereitet werden. Wir müssen neu und besser lernen, wann Geschwindigkeit gut und wann sie schlecht ist.

Dummke kaufte sich ein superschnelles Auto; denn er wollte Zeit sparen. Für einen durchschnittlichen Wagen hätte sein angespartes Geld zwar gereicht. Um aber den superschnellen Wagen bezahlen zu können, benötigte er zusätzlich einen Kredit im Gegenwert von 400 Arbeitsstunden, die er auf einem Zusatz-Job ableistete. Und jedesmal, wenn er auf der Autobahn zwischen einer Baustelle und dem nächsten Stau aus der Kolonne ausscherte und auf 200 Stundenkilometer ging, versuchte er sich auszurechnen, wie viele von diesen 400 Stunden er durch Zeitersparnis bis jetzt schon wieder hereingeholt hatte. In den Jahren, bis der Wagen schrottreif war, kam Dummke bei dieser Rechnung auf 350 Stunden. Fast hätte sich die Anschaffung gelohnt!

Sein Freund Schlauke meinte allerdings, Dummke hätte bestimmt auf manchen dieser Strecken besser mit der Bahn fahren sollen. »Dann hättest du nicht nur deine 400 Arbeits-

stunden sparen können, sondern auch noch viele Stunden zusätzlich, weil du dich unterwegs erholen oder etwas für deine Bildung tun kannst.« Und Schlauke machte eine überzeugende Gegenrechnung auf. Dummke staunte darüber, daß bei seiner Suche nach Zeitgewinn die Steigerung des Fahrtempos, für sich allein genommen, wohl doch nicht die beste Lösung war.

Zeitersparnis kann etwas sehr Wertvolles sein – unter der Voraussetzung, daß ein Mensch ein sinnerfülltes Lebensprogramm hat und die Kunst versteht, jeden Tag wie auch jede Minute harmonisch in dieses Programm einzubeziehen, also auch die hier und da eingesparte Zeit unmittelbar für wesentlichere Inhalte zu nutzen.

Unter dieser Voraussetzung stellt Zeitgewinn durch Temposteigerung eine anerkennenswerte Gepflogenheit dar, die es neu zu kultivieren gilt. Insbesondere überall da, wo es sich um rein mechanische Abläufe handelt und wo uns die Zeit daher ganz unter ihrem quantitativen Aspekt begegnet, läßt sich, wie die Erfahrung zeigt, durchaus in vielen Fälle Zeit einsparen. Wer sich in diesem Sinn ein flottes, aber niemals überstürzt rasendes Lebenstempo angewöhnt, der wird dadurch seine Gesundheit fördern, sich psychisch wohler fühlen und mehr zeitliche Freiräume gewinnen für Dinge, die wesentlich sind. Ihm werden sich bald wie von selbst viele Gelegenheiten bieten, Dinge in 15 statt in 25 Minuten zu erledigen oder auch viele Male am Tage in 30 statt 60 Sekunden. Er wird mühelos zeitsparende Mechanismen entdecken vom Anziehen am Morgen bis zu einer vereinfachten Ordnung auf dem Schreibtisch oder bei der Ablage der Korrespondenz, beim Geschirrspülen wie bei einem Gang zur Post oder zum Bahnhof, der ja nicht als gemächlicher Spaziergang gedacht ist. Aber wie gesagt: solche Zeitersparnis wäre sinnlos, wenn sie als Selbstzweck dienen würde – vielleicht mit der Folge, daß jemand neben den mehr oder weniger sinnlosen Dingen, die er bereits tut, noch weitere unternimmt und das Zeit-Chaos in seinem Leben verschlimmert. Wer zielorientiert und planvoll lebt, der wird, wie gesagt, die eingesparte Zeit für wirklich wichtige Dinge verwenden, wozu ja auch innere Ruhe und Vorbereitung auf die nächsten Aktivitäten gehört. Er wird um so mehr Freiräume gewinnen für die Ebenen des Lebens, bei denen die Zeit sich nicht von ihrer quantitativen Seite, sondern in ihrer geheimnisvollen Tiefendimension zeigt, wo jedes Schielen auf die Uhr banausenhaft und zerstörerisch wäre. Nur der wird im Umgang mit der Zeit weiterkommen, der bejaht, daß es beide Arten von Situationen gibt, und der es lernt, für beide in ihrer Unterschiedlichkeit wirklich offen zu sein. Für einen solchen Menschen braucht es weder Hektik noch Langeweile zu geben, weder Verzettelung noch Leerlauf, sondern ein immer harmonischer werdendes Ineinander von Aktivität und Muße, von Bewältigung des normalen Alltags und feierlich lauschender Begegnung mit der Quelle, aus der die Sinngebung kommt.

2. Erhöhung der Effizienz

Unter Effizienz verstehen wir den Wirkungsgrad eingesetzter Mittel zur Erreichung eines konkreten Zieles oder Zwecks. Jeder Produktionsbetrieb steht vor der Aufgabe, die ihm zur Verfügung stehenden Menschen und Produktionsmittel so effizient wie möglich einzusetzen, also unter den gegebenen Rahmenbedingungen den bestmöglichen wirtschaftlichen Erfolg mit ihnen zu erzielen. Zwar wird dies niemals das einzige Betriebsziel sein können; aber ein ineffizienter Betrieb wird auf Dauer nicht konkurrenzfähig sein, sondern in den Konkurs gehen, so daß auch noch so edle, ideelle Ziele sich nicht mehr verwirklichen lassen.

Beim Umgang mit der Zeit liegen die Dinge ähnlich. Nehmen wir an, jemand möchte innerhalb seines Studiums oder seiner Ausbildung ein bestimmtes Fachbuch lesen (und verstehen!). Dann wird er nach der für ihn effizientesten Lernmethode vorzugehen suchen: kein fortlaufendes Lesen wie vielleicht bei einem Roman, sondern zunächst intensive Beschäftigung mit Inhaltsverzeichnis und Einleitung zum Verständnis der Grundbegriffe und der Gliederung. Er wird heraussuchen, wo der Autor das Wesentliche zusammenfaßt und vielleicht den Aufbau des Ganzen erläutert. Danach wird der Lernende sich der Reihe nach diejenigen Teile herausgreifen, die er für seine eigene Zielsetzung wirklich benötigt. Er wird sich beim Durcharbeiten Notizen machen, um sogleich das Gelesene zu komprimieren und dadurch besser zu verstehen. Er wird bestimmte Lernkontrollen verwenden, um festzustellen, ob und in welchem Maß er den bereits durchgearbeiteten Stoff beherrscht. Und je nach dem Ergebnis dieser Kontrollen wird er einzelne Teile genügend oft wiederholen, die sich zunächst als schwierig erwiesen haben. Auf diese Weise läßt sich eine persönlich maßgeschneiderte Lernmethode entwickeln, die zu einer Steigerung der Effizienz und damit zu erheblicher Zeitersparnis führen wird.

Wer ein Studium betreibt, kann durch solche systematische Effizienzsteigerung, wenn er sie auf die Gesamtanlage des Studiums und sämtliche Teilaspekte wie Konzentration, Stoffauswahl, Arbeitsdisziplin und Psychohygiene erstreckt, nicht nur seine Leistungen und damit die Erfolgschancen verbessern, sondern auch im Ablauf einer Woche oder eines Semesters viel unnötige Paukerei und Frustration vermeiden. Der Zeitgewinn dürfte etliche Stunden pro Tag und innerhalb des ganzen Studiums möglicherweise mehrere Jahre (!) betragen, zumindest im Vergleich zum statistischen Normalfall. Denn viele gehen an ihr Studium mit einer allzu naiven Einstellung zur Zeit heran. Sie unterlassen es, zum täglichen Nacharbeiten des Lernstoffs, solange er noch »frisch« ist, die nötigen

Stunden einzuplanen. Dadurch entsteht dann schnell ein Rückstau an nicht bewältigtem Stoff, der das weitere Verständnis einer Vorlesung oder eines Semesters stark beeinträchtigen kann. Die Anwesenheit des Studenten im Hörsaal wird dann für ihn äußerst ineffizient, da er seine kostbare Zeit fast nur noch mit dem mechanischen Mitschreiben von Dingen verbringt, denen er geistig im Augenblick nicht folgen kann. Der Zeitrückstand kumuliert sich für ihn so, daß er sich unter Umständen später entschließt, die gleiche Vorlesung nochmals zu hören. Dadurch verzögert sich der Abschluß des Studiums immer mehr, zumal wenn auch noch ineffizient vorbereitete Prüfungen mit Mißerfolg enden und dann erst viele Monate später wiederholt werden können.

Als Schlauke über diese Misere nachdachte, bemerkte er, eigentlich müßten Kühe effizienter studieren können als manche begabten jungen Leute, da doch die Kühe regelmäßig jeden Abend im Stall wiederkäuen, was sie tagsüber auf der Weide gefressen haben. Doch meinte Dummke dazu, das würde nur daran liegen, daß es für Kühe keine Diskotheken gibt.

Das Gesagte hat nicht nur Bedeutung für Studenten, sondern läßt sich sinngemäß auf viele andere Personenkreise übertragen. Denn ungeheure latente Zeitreserven stecken im Alltag überall da, wo sich die geistige Arbeitseffizienz steigern läßt.

Ein angehender Pastor erklärte während seines Studiums, er würde später von den 40 wöchentlichen Arbeitsstunden, wie sie damals im Lande noch in den Tarifverträgen der Arbeiter üblich waren, allein 20 zur Vorbereitung der sonntäglichen Predigt brauchen. Abgesehen davon, daß er offensichtlich zu seinem künftigen Beruf eine wenig geistliche, aus schenkender Liebe zu Gott und der Gemeinde motivierte, sondern eher gewerkschaftliche Einstellung hatte, fehlte ihm offenbar noch die effizienteste Methode zur Predigtvorbereitung. Denn ein Pastor, der auf Dauer tatsächlich die Hälfte seiner wöchentlichen Arbeitszeit für die Vorbereitung des Gottesdienstes verwenden wollte, der würde ja wegen seinem ineffizienten Umgang mit der Zeit bestimmt etliche seiner sonstigen Berufsaufgaben und Lebensinhalte vernachlässigen müssen. Gleiches gilt natürlich auf für viele andere Fälle, wo Menschen nicht die in ihrem Zeitrahmen angemessenste, zügige Arbeitsweise lernen oder vielleicht gar wegen falscher Berufswahl und daraus erwachsener ständiger Überforderung auch niemals lernen können.

Wer eine Sitzung zu leiten hat, auf der Beschlüsse gefaßt werden, kann durch effiziente Vorbereitung für sich und alle Teilnehmer viel Zeit sparen. Wenn für möglichst viele Punkte klar formulierte Beschlußvorlagen angefertigt werden, läßt sich die Verhandlung so kanalisieren, daß sie sich im Wesentlichen auf Stellungnahmen für oder gegen diese Vorlagen beschränkt. Selbst die bekannten Dauerredner in einem Gremium, die den Gang der Sitzung im allgemeinen verzögern, werden froh sein, wenn sie auf diese Weise Zeit sparen. Schließlich zeigt einfaches Kopfrechnen, daß eine Zeitersparnis von genau 48 Stunden, also zwei vollen Tagen eintritt, sobald eine Sitzung mit 32 Teilnehmern um anderthalb Stunden verkürzt wird.

Wer seine Geschäftsbriefe täglich bündelt und gleich nach dem Lesen beantwortet, braucht sie möglicherweise später nicht noch ein zweites Mal zu lesen. Das führt zu einem beachtlichen Zeitgewinn pro Arbeitstag, der offensichtlich gleich der Anzahl der erhaltenen Geschäftsbriefe, multipliziert mit der durchschnittlichen Lesezeit pro Brief ist.

Und im privaten Alltag? Selbst beim Lesen der Zeitung läßt sich die Effizienz steigern, wenn wir aus Erfahrung wissen, an welchen Stellen auf welchen Seiten die Beiträge stehen, die uns wirklich interessieren, und wenn wir uns angewöhnen, die übrigen Überschriften in der

Zeitung allenfalls sekundenschnell zu überfliegen, die interessanten jedoch flott und konzentriert zu lesen. Dabei gibt es vernünftige Methoden, die Lesegeschwindigkeit zu steigern, ohne daß das Verständnis oder der geistige Genuß beim Lesen darunter leiden würden.

Bei den meisten Routinevorgängen in Arbeitszimmer, Küche, Werkstatt oder Garten läßt sich die Effizienz mühelos steigern, wenn wir bereit sind, die eine oder andere eingefleischte Gewohnheit zwecks Zeitersparnis zu ändern. Wer mehr Lebensmittel auf einmal einkauft und dabei auch noch den Entscheidungsvorgang im Supermarkt durch einen mitgebrachten Zettel vereinfacht, auf dem im Idealfall die einzelnen Artikel bereits nach der Anordnung der Regale im Laden aufgelistet sind, der wird schon im Laufe eines Monats so manche Stunde einsparen und die Zeit haben, gelegentlich auch einmal etwas zu kaufen, z.B. bei einem Sonderangebot, was vorher nicht geplant war. Und jeder geistige Vorgang verläuft effizienter, wenn wir ihn mit bewußter Konzentration betreiben, von seinem Wert überzeugt sind und – soweit es an uns liegt – alle Ablenkungen vermeiden, die ihn stören könnten.

Es gibt auch viele Möglichkeiten, die Effizienz dadurch zu steigern, daß man zwei Vorgänge gleichzeitig betreibt, die miteinander vereinbar sind. Wie die Erfahrung zeigt, läßt sich eine Bahnfahrt sehr gut zum Lesen, Nachdenken oder sonstigen geistigen Arbeiten, aber gegebenenfalls auch zum Schlafen verwenden. Bewährt hat sich für Autofahrten zu zweit die Gepflogenheit, immer ein gutes Buch im Handschuhfach zu haben und unterwegs vorzulesen. Und selbst der alte Schüttelreim hat einen effizienzsteigernden Sinn:

Am besten du die Zeitung liest
am Ort, wo du die Leitung ziehst.

Wobei noch hinzuzufügen bleibt, daß es auch eine andere Lektüre als die Zeitung sein kann. Der Verfasser hat schon bei Freunden an dem besagten Ort interessante Bücher vorgefunden und hat zu Hause selbst seine Beschäftigung mit Fremdsprachen gerne während solcher Sitzungen fortgesetzt. *Der Buchtitel »Portugiesisch in 40 Stunden« müßte, sinngemäß abgeändert, dann lauten: »Portugiesisch in 400 Sitzungen«.*

Für die Effizienzsteigerung beim Umgang mit der Zeit bestehen also offenbar unbegrenzte Möglichkeiten. Sicher ist es ein ganz wesentlicher Grundsatz für uns, die Dinge, die nun einmal zu erledigen sind, auf die sinnvollste und damit auch effizienteste Art zu tun. Dieser Grundsatz betrifft alle Vorhaben, bei denen es im Leben darauf ankommt, sie in einer vorgegebenen, von unserem Wollen, Denken und Handeln abhängigen Zeit zu bewältigen. Um so mehr Zeit wird uns dann verbleiben für die Dinge im Leben, deren geistige oder natürliche Struktur selbst den Zeitrhythmus vorschreibt und die sich somit jeder Effizienzbetrachtung entziehen – vor allem für jene Situationen, die sich nie nach Minuten oder Stunden messen lassen, sondern die einen Hauch der Ewigkeit mit sich bringen und wie das Rauschen eines Meeres nur in andächtiger Zeitvergessenheit erlebt werden können.

3. Verbesserung der Planung

Planen heißt, Absichten für künftige Handlungen bewußt zu formulieren und zu ordnen. Streng genommen ist also die Planung nur zum Teil die Vorwegnahme künftiger Ereignisse oder Zustände; denn auf diese hat unsere Planung oft nur einen partiellen Einfluß. Wir würden gewiß gerne planen, daß im 21. Jahrhundert niemals ein Krieg stattfindet, daß in Zukunft alle Menschen von Geburt an kerngesund sind, daß die Biosphäre auf unserer Erde in Kürze völlig geheilt wird, daß sowohl Erdbeben als auch Flugzeugkatastrophen in Zukunft unterbleiben usw. Im privaten Bereich würden wohl die meisten jungen

Menschen »planen«, eine glückliche Ehe und Familie zu begründen und eine glänzende berufliche Karriere zu machen – mit hohem, ständig wachsendem Einkommen.

Was sich statt dessen planen läßt, sind heutige Absichten für künftige eigene Handlungen (oder Handlungen anderer, die aufgrund des Planes durch Überredung, durch politische oder andere Formen der Einflußnahme herbeigeführt werden sollen; von solcher Planung ist jedoch in diesem Buch nicht die Rede). Der Rahmen ist also recht eng begrenzt. Und doch hat persönliche Planung, wie schon erörtert wurde, eine wesentliche Bedeutung für den Verlauf eines menschlichen Lebens. Der Planungsvorgang hilft einem Menschen entscheidend zur Klärung und Stärkung des eigenen Willens im Hinblick auf den Einfluß, den er auf seine Zukunft und die seiner Umgebung zu nehmen gedenkt. In manchen Bereichen mag dieser Einfluß gering sein, in anderen dagegen viel größer.

Nicht das Ergebnis einer bevorstehenden akademischen oder beruflichen Prüfung läßt sich planen, wohl aber das zeitliche und sachliche Programm für die eigene Vorbereitung. Nicht der Detailverlauf einer Karriere läßt sich planen, wohl aber das optimale Verhalten zum Eintritt in diese Laufbahn vor ihrem Beginn und während ihrer einzelnen Abschnitte.

Wer eine gute Ehe anstrebt, kann sie natürlich nur zu fünfzig Prozent selbst herbeiführen; aber er kann durch sein Verhalten das Finden mit der anderen Hälfte begünstigen oder im negativen Fall auch stark erschweren.

Wer mit seiner Zeiteinteilung nicht zurecht kommt, sollte sich von Fall zu Fall fragen, ob bei ihm nicht zur Zeit ein Planungsmangel vorliegt. Geeignet sind folgende Überlegungen am Morgen:

1. Welches sind die Dinge, die ich am heutigen Tag auf keinen Fall versäumen darf oder will? Wieviel Zeit bleibt dann noch für andere Dinge übrig?

2. Ist mein Gesamtprogramm überlastet? Wenn ja: welche Teile sollte ich zum frühestmöglichen Zeitpunkt aufgeben?

3. Ist bei den verbleibenden Lebensinhalten die Rangordnung der Prioritäten richtig geklärt, und wie sollte ich sie gegebenenfalls ab heute verändern?

4. Schätze ich den Zeitbedarf für meine Vorhaben richtig ein, oder neige ich in dieser Hinsicht zu häufigen Fehlplanungen?

5. An welchen Stellen stehe ich in der Gefahr, mich von meinem eigenen Programm abbringen zu lassen und dadurch in Zeitnot zu geraten?

Manche haben im Zusammenhang mit persönlicher Zeitplanung umfangreiche Methoden entwickelt, um zunächst den Ist-Zustand statistisch genau zu ermitteln – etwa den durchschnittlichen Zeitanteil der Telefongespräche, die jemand führt - und ihn dann systematisch zu verbessern. Solche Methoden mögen vor allem für solche Kulturen geeignet sein, wo ohnehin geistliche, geistige und psychische Vorgänge viel mehr in Zahlen ausgedrückt werden als bei uns – bis hin zur Werbung für die Boy Scouts unter Hinweis auf die Anzahl der Tugenden, in denen sie erzogen werden. Für uns Mitteleuropäer mag es schon ein wesentlicher Fortschritt sein, überhaupt rational über den eigenen Zeitverbrauch nachzudenken und mit einer bewußten Steuerung zu beginnen. Die Erfahrung hat gezeigt, daß in diesem Sinn jeder bereits in der Anfangsphase große Zeiteinsparungen erzielen kann, der bereit ist, sein praktisches Verhalten selbstkritisch zu ändern. Die leidenschaftlich-emotionale Abwehr mancher Menschen gegen jeglichen quantitativen Umgang mit der Zeit hängt ja gerade damit zusammen, daß sie unbewußt oder auch bewußt jede Änderung ihres Verhaltens ablehnen, die mit einem Mehr an Disziplin, mit einem Verzicht auf zeitraubende Lieblingsgewohnheiten oder auch nur mit einer gewissen Umstellung auf etwas

Neues verbunden wäre. Zu den vielen Geheimnissen der Zeit gehört aber auch gerade dieses, daß bei ihrer Bewältigung jedes Mehr an Selbstdisziplin einen wertvollen Gewinn an Zeit, Freiheit und Erfolgserlebnissen bei der Erreichung von erstrebten Zielen mit sich bringt.

Alle drei Formen der Zeitersparnis, die wir jetzt betrachtet haben, besitzen zweifellos ihren Stellenwert. Es wird gut sein, jede davon im angemessenen Rahmen zu verwenden. Dabei sollten wir sie nicht als Gegensätze ansehen, sondern möglichst harmonisch und sinnvoll miteinander kombinieren. Am wichtigsten – nach Qualität und Quantität – ist natürlich die dritte Möglichkeit; denn wer seine Zeit besser plant, kann sie dadurch am ehesten »vermehren«, während der Temposteigerung enge und der Effizienzerhöhung auf jeden Fall bald erreichte Grenzen gesetzt sind. Dagegen wird sich, wenn wir dazu bereit sind, unsere Zeitplanung immer weiter verbessern lassen, und dies lohnt sich unser ganzes Leben hindurch.

2.4 Zeitrhythmen und Phasen des Lebens

– Dummke, das Largo von Händel und die Schwäbische Eisenbahn

Mit der Zeitplanung ist es nicht anders als mit jeder anderen Form von Planung: diejenigen, die sie am dringendsten brauchen würden, sind oft nicht bereit, sie zu lernen. Sie verbleiben lieber bei dem mitunter totalen Chaos und finden gute Scheinbegründungen dafür. Man könnte also genauso gut ein Buch darüber schreiben, wie sich Geld besser verwalten und einteilen läßt, damit wir es nicht unter dem Einfluß spontan auftretender Anlässe verschleudern und dann womöglich für unabweisbare oder uns besonders wichtige Ausgaben kein Geld mehr übrig haben. Umgekehrt könnte es sein, daß jemand, der ohnehin schon eine gute Zeitdisziplin praktiziert, durch ein Übermaß am Planungstechnik tatsächlich in eine Art Verkrampfung hineinkommt und nicht mehr imstande ist, sich gelegentlich zweckfrei zu erholen oder für ein persönliches Gespräch ein paar Stunden lang wirklich offen zu sein, ohne nach der Uhr zu schielen.

Dummke hatte im Ausland an einem teuren Zeit-Spar-Seminar teilgenommen. Dort hatte er gelernt, wie knapp die Zeit ist und wie intensiv man sie nutzen soll, indem man die Leistung pro Zeiteinheit immer mehr steigert.

Nach seiner Rückkehr fing Dummke an, immer sehr schnell zu essen und zu trinken. Er würgte Steak und Salat, auch Torte und Kaffee in gewaltigem Tempo in sich hinein, vom Bier ganz zu schweigen, weil so, pro Minute gerechnet, die Kalorienaufnahme und auch der lukullische Genuß gewaltig zu erhöhen waren.

Schlauke meinte, das könnte leicht zu Verdauungsbeschwerden führen, und der Genuß beim Essen und Trinken wäre viel größer, wenn man sich dafür etwas mehr Zeit nimmt. »Dann kommst du mit weniger Kalorien aus«, sagte er, »und wenn du erst einmal ein paar Kilo weniger wiegst, dann sparst du sogar Zeit beim Treppensteigen.«

Als Dummke seiner Frau vorschlug, sein neu gelerntes Prinzip der Zeitersparnis durch pauschale Erhöhung der Geschwindigkeit auch auf ihrem Umgang miteinander anzuwenden, war sie allerdings sehr dagegen, und es gab einen massiven Krach zwischen ihnen. Statt zu einem Zeitgewinn führte das neu gelernte Prinzip also zunächst einmal zu einem Zeitverlust von zweimal 90 Minuten.

Im Zusammenhang mit seiner neu gelernten Zeit-Spar-Technik kaufte Dummke sich ein ganz neuartiges, superschnelles, computergesteuertes CD-Spielgerät, auf dem man während des Abspielens einer Musik-Diskette das Tempo ständig nach eigenem Geschmack variieren kann. Für Anfänger auf diesem Gebiet gibt es dazu auch käufliche

Software-Programme, z. B. das Li-Be-Bo-Ra-Programm (Linear-Beschleunigung à la Bolero von Ravel), womit man die Abspiel-Geschwindigkeit bei langsamem Beginn linear gleichmäßig steigern kann – mit frei wählbarer Beschleunigung gemäß dem eigenen Zeitgefühl des computergestützten Musikliebhabers, so daß bei entsprechender Einstellung des Progamms die Musik am Ende ungeheuer schnell wird und sich die Baßtöne des Wolgaliedes wie hochfrequentes Vogelgezwitscher anhören.

Es gibt aber auch anspruchsvollere Software wie etwa das Sinus-Sirenen-Programm, womit man das Tempo im Laufe jedes musikalischen Satzes in einer Wellenbewegung variiert: bei einem mittleren Wert beginnend, steigert er sich im ersten Viertel des Satzes schnell bis zu dem gewünschten Höchstwert, um dann zeitsymmetrisch bis zur Halbzeit wieder auf den Mittelwert abzunehmen und anschließend in der zweiten Halbzeit die exakt gleiche Bewegung nach unten zu machen: das Tempo der Musik wird also im dritten Viertel langsamer bis zu einem bestimmten Mindestwert und steigt dann bis zum Ende des Satzes wieder exakt auf den Anfangswert an.

Dummke war begeistert. Es gelang ihm, das Computerprogramm des Geräts so zu verbessern, daß er noch mehr Variationsmöglichkeiten erzielte, vor allem auch noch höhere Geschwindigkeiten.

Als Schlauke kam, spielte Dummke ihm das Largo von Händel vor: in einer frappierenden Rekordzeit von 42 Sekunden! Und er war stolz darauf, daß mit seinem Programm ein enormer Zeitgewinn zu erzielen war, also ein gewaltig gesteigerter musikalischer Genuß pro Sekunde. Allerdings meinte Schlauke, daß von der großartigen Musik Händels nur ein elendes Gequietsche übrig geblieben sei und der musikalische Genuß aufgehört hätte. »Gute Musik wie überhaupt alles, was wirklich lebt«, sagte Schlauke, »hat ihr eigenes inneres Zeitmaß. Wenn du das übersiehst und ihr ein fremdes Zeitmaß aufzwingst, dann bringst du etwas Lebendiges um. Dann bleibt vom Largo von Händel genauso viel übrig wie von der berühmten Ziege auf der Schwäbischen Eisenbahn, die ein Bauer entgegen ihrer Natur zu einem Super-Tempo zwingen wollte, als er sie hinten an den Zug anhängte.

Natürlich passiert auch manchmal das Umgekehrte: man fängt irgendwo ein schnelles, springendes Pferd ein, dressiert es und läßt es mit Ackergäulen zusammen langsam einen schweren Wagen ziehen.

Du glaubst ja gar nicht, wie viele schwer geschädigte Ziegen und auch Pferde sich heute durch das Leben quälen, weil man sie früher einmal zu einem Zeitrhythmus gezwungen hat, der ihrer Natur fremd war. Die schwäbische Ziege im Lied war ja bei weitem nicht die letzte, die an einen für sie viel zu schnellen Zug gebunden wurde.«

»Meinst du denn, ein Zug soll immer so langsam fahren, daß jede Ziege mithalten kann, die einer am hinteren Ende angebunden hat?« wollte Dummke wissen. Und nach kurzem Sinnieren setzte er noch hinzu: »Das wäre ja ein furchtbares Prinzip im Leben – mit viel Zeitvergeudung. Ich denke da an alle möglichen Züge, zum Beispiel Schulzüge und Studiengänge, Laufbahnen...«

»Das wird ja immer wieder vorgeschlagen«, sagte Schlauke, »auch von Pädagogen, die meinen, daß sie ganz besonders menschenfreundlich wären. Aber sie verkennen völlig das Problem. Denn es war eben von Anfang grausam, daß der schwäbische Bauer die Ziege an den Zug gebunden hat. Und völlig verfehlt war es, daß er obendrein hinterher noch den Lokomotivführer beschimpft hat, weil der angeblich zu schnell gefahren war. Denn der Lokomotivführer mußte sich ja nach dem Zeitmaß der Schwäbischen Eisenbahn richten und nicht nach dem einer Ziege.«

Und Schlauke fuhr fort: »Jeder Mensch hat seinen ganz persönlichen Zeitrhythmus, jedenfalls von Natur aus. Damit muß er im Leben zurechtkommen und lernen, sich auf seine eigene innere Uhr und auch auf andere Menschen mit anderen Zeitrhythmen einzustellen. Das gibt im Zusammenleben sicher manchmal Schwierigkeiten; aber die lassen sich meistern, wenn wir endlich das Problem verstehen lernen und aufeinander Rücksicht nehmen. Man darf eben das Zeitmaß nicht bei allem über einen Kamm scheren und von allen das Gleiche verlangen. Welchen Zeitrhythmus sollte man auch als den idealen bezeichnen? Ein Lob der Langsamkeit ist genauso berechtigt wie ein Lob der Schnelligkeit, solange niemand das eine zum Vorwand für Faulheit oder das andere als Alibi für Oberflächlichkeit mißbraucht.

Jeder von uns muß dieses innere Zeitmaß bejahen und dann bei seinen Lebensentscheidungen berücksichtigen. Der Langsamere kann wegen seiner besonderen Gründlichkeit vielleicht ein hervorragender Gehirnchirurg oder Verwaltungsfachmann werden, aber kein Pilot oder Rennfahrer oder Journalist, der Ereignisse und Zusammenhänge manchmal blitzschnell erfassen und vielleicht in wenigen Augenblicken auch druckreif kommentieren muß.

Der Schnellere wird sicher besser in solchen Berufen aufgehoben sein, wo es auf die Fähigkeit ankommt, sich flott zu orientieren und über eine Sache einen Gesamtüberblick zu bekommen, ohne sich allzu sehr mit den Einzelheiten zu befassen. Der Langsamere dagegen eignet sich viel mehr zum Spezialisten mit vielen Detailkenntnissen.

Dementsprechend verschieden müssen auch die Schulzüge für die verschiedenen Zeit-Typen von Menschen sein: für die einen mehr Schuljahre mit mehr Wiederholungen des Stoffs und einem langsameren Lerntempo, für die andern, die Springpferde sozusagen, weniger Schuljahre und ein viel rasanteres Unterrichtstempo, wie es ja ihrer Natur voll und ganz entspricht.

Bekannt geworden ist der Fall eines kleinen Jungen mit besonders schnellem Entwicklungstempo, der bereits im Alter von zwei Jahren gut lesen konnte und nachts oft am Bett seiner Eltern erschien, weil er längst ausgeschlafen hatte und sein wacher Geist erstaunlich intelligente Fragen stellte. Ein zu Rate gezogener Kinderarzt stellte, was ja eigentlich in diesem Fall nicht verwunderlich war, ungewöhnlich aktive Gehirntätigkeit bei dem Kind fest. Und da er einen solchermaßen gesteigerten Lebensrhythmus für krankhaft hielt, wußte er nichts Besseres zu tun, als durch Medikamente die Gehirnströme des kleinen Patienten zu verlangsamen. Dieser Arzt machte also, wenn auch mit umgekehrtem Vorzeichen, den gleichen Fehler wie der schwäbische Bauer mit seiner Ziege, hier mit schlimmen Folgen für die Gesundheit und Psyche eines gesunden hochbegabten Menschen.

Der wohl extremste Fall einer sehr schnell laufenden Lebensuhr, über den historisch berichtet wurde, ist der des dänischen Jungen Christian Heinrich Heineken (1721 bis 1725). Im Vergleich zum Durchschnitt muß sein geistiger Lebensrhythmus etwa 10 bis 20mal schneller gewesen sein. Mit 10 Monaten konnte er sich bereits gewählt ausdrücken, und mit 15 Monaten begann er, sich eingehend mit Geschichte zu befassen. Im Alter von 3 Jahren schrieb er ein Buch mit dem Titel ›Dänische Geschichte‹, und er wurde am Hof des Königs Christian VI wiederholt zu Vorträgen eingeladen. Heineken starb als ein weiser, gereifter Greis, und zwar im Alter von vier Jahren.

Es mag sein, daß eine so extreme Steigerung des geistigen Lebensrhythmus äußerst selten ist. Dennoch gibt es zwischen dem geistigen Tempo des Normalbegabten und dem von Christian Heineken zahlreiche Zwischenstufen, die durchaus häufiger vorkommen. Was jeder Pädagoge daher dringend benötigt, ebenso aber auch alle Eltern, Kinderärzte und Erzieherinnen, ist ein feines Empfinden für das Zeitmaß, das die ihnen anvertrauten jungen Menschen mitbringen, mag es langsamer oder schneller sein als das eigene. Mehr als auf anderen Gebieten im Umgang unter Menschen zeigt sich anscheinend gerade hier mitunter primitives, geistloses Banausentum, bei dem ein Mensch sich selbst naiv zum Maßstab für alle übrigen macht.

Anzustreben wäre, daß auch die Betriebe auf das unterschiedliche Zeitmaß ihrer Mitarbeiter Rücksicht nehmen und sozusagen nebeneinander Fließbänder mit unterschiedlichen Geschwindigkeiten laufen lassen würden, so daß möglichst jeder an dem für ihn passenden arbeiten kann. Sollten dadurch ernsthafte Unterschiede in den Stückkosten der hergestellten Produkte entstehen, dann sollte man dies letztlich auch bei den Löhnen berücksichtigen, falls sich kein anderer Ausgleich durch Differenzierung in den Produkten erreichen läßt, z. B. durch höhere Qualitätsanforderungen bei den langsamer hergestellten. Jeder human eingestellte Betriebsrat müßte eigentlich zustimmen, wenn so unter der Belegschaft Streß abgebaut wird.

Sinngemäß übersetzt, gilt dieses Prinzip auch für geistige Arbeit, und kluge Führungskräfte sind sich dessen bestimmt längst bewußt. Aber die Voraussetzung für eine gute Lösung dazu ist natürlich immer, daß die Unterschiede im Zeitrhythmus zwischen den Menschen genauso wertfrei akzeptiert werden wie etwa die Unterschiede in der Pulsfrequenz, wo ja auch, soweit bekannt, noch nie einer sich etwas auf seinen schnelleren Pulsschlag eingebildet und auf andere herabgesehen hat.

Natürlich darf es keine Diktatur der Langsamen über die Schnellen geben. Niemand darf also verlangen, daß immer der ganze Zug so langsam fahren soll, bis auch die letzte Ziege zu Fuß mitkommt. Aber genauso wenig dürfen die Schnellen allen übrigen ihr eigenes Tempo diktieren wollen. Statt dessen sollte jeder seinem Zeitmaß treu bleiben und etwas Wertvolles daraus machen. Der Lebenserfolg hängt letztlich nicht vom Tempo ab, sondern von der Treue gegenüber dem Programm.

Wenn das persönliche Zeitmaß eines Menschen erst einmal kaputtgemacht worden ist, dann geht seine innere Uhr nicht mehr richtig – manchmal zu schnell, manchmal zu langsam, fast wie bei einem Sinus-Sirenen-Programm, nur viel unberechenbarer. Ein solcher Mensch bekommt dann, auch wenn sein Herz kerngesund ist, sozusagen Lebens-Rhythmus-Störungen: mal verfällt er in Hektik, mal wieder in Langeweile und Leerlauf. Mal geht ihm alles viel zu schnell, mal absolut zu langsam. Immer meint der Mensch dann, er würde etwas Wichtiges im Leben versäumen oder zeitlich nicht mehr schaffen. Bei allem, was er tut, sieht er bald auf die Armbanduhr, weil es ihn nach ein paar Minuten danach drängt, etwas anderes zu tun. Dann wiederholt sich genau dieselbe Unruhe und immer so weiter.«

Wer sich selbst gut kennt und sich mit Feingefühl in andere versetzen kann, der wird diesen Erfahrungen gewiß zustimmen. Es kommt noch hinzu, daß jeder Mensch nicht nur für sein Leben als Ganzes offenbar von Gott ein bestimmtes Grund-Tempo mitbekommen hat, sondern darüber hinaus durchaus unterschiedliche Rhythmen für einzelne Lebensabschnitte. Manche sind als Kinder frühreif und entwickeln sich sehr schnell. Sie können viel früher als Gleichaltrige zum Beispiel laufen, sprechen oder lesen und gelten als hochbegabt. Aber später verlangsamt sich das Lebenstempo, und in manchen Fällen versagt ein solcher Mensch dann, wenn sein Entwicklungsvorsprung aufgebraucht ist und er sich dem Leben unter »normalen« Bedingungen nicht gewachsen zeigt. Nur wenige der Frühreifen erweisen sich als ein Leben lang hochbegabt und sind imstande, sich auch unter den erwähnten, für sie selbst zunächst ungewohnten Bedingungen in jeder Phase des Erwachsenseins neu zu bewähren.

Andere beginnen im Leben als ausgesprochene Spätentwickler. Auch Einstein hat offenbar zu diesem Typ gehört und seine großartige Genialität als Physiker erst zu entfalten begonnen, als er schon weit über 20 war. Man kann ihn zu denen rechnen, die sich fast kontinuierlich ihr Leben hindurch gesteigert haben – so wie die musikalische Dynamik in dem oben erwähnten Bolero von Ravel.

Zum Umgang mit der Zeit gehört ein tiefes Verständnis für ihre Rhythmen im Leben, und zwar sowohl bei uns selbst wie dann auch – wohl erst durch eine tiefere, reflektierte Selbsterkenntnis in diesem Punkt ermöglicht – im Umgang mit anderen. Wer in der Zeit als solcher heimisch geworden ist, der empfindet und bejaht ihre Rhythmen in seinem Leben, wie sie vom Schöpfer gemeint sind – den Atem und den Herzschlag, den Tagesrhythmus mit dynamischer Aktivität während des hellen Tages und erquickender Regeneration der Kräfte im Schlaf der Nacht. Und ebenso noch viele weitere Rhythmen der Psyche und des Körpers – bis hin zum Monatszyklus im Leben einer Frau.

Ein solcher Mensch lebt unbewußt und als Denkender zugleich auch bewußt im Rhythmus der Jahreszeiten – vom dunklen Winter mit seinen langen Nächten bis zum hellen, warmen Sommer mit seinen langen, sonnigen Tagen. Und er wird, wenn er mit solchem Feingefühl auch den Jahresverlauf in anderen Breiten erlebt hat, sogar die besonderen Feinheiten des heimatlichen Jahresrhythmus um so intensiver empfinden und bejahen; denn insofern verläuft die Zeit in Deutschland anders als in Hawaii mit seinem ewigen Frühling oder in Lappland mit dem viel krasseren Wechsel von Licht und Dunkelheit. Gewiß gibt es für den einzelnen in dieser Hinsicht eine Geborgenheit in der Zeit, die mindestens so stark sein kann wie das geographisch-räumliche Heimatbewußtsein.

Dem in Gott Geborgenen wird auch ein Einklang mit jener Lebensphase geschenkt, in der er gerade lebt. Denn wer in einem Fluß badet, der stellt sich positiv auf die Strömung ein, so wie sie um ihn herum fließt. Er wird sie bejahen, ohne den unsinnigen Versuch zu machen, sie entweder bremsen oder beschleunigen zu wollen – wie Dummke das Largo von Händel.

Vor allem aber erfährt der in Gott Geborgene eine tiefe Zeit-Geborgenheit im Hinblick auf den Gang der eigenen Lebensuhr. Er freut sich dankbar über die gewesene Kindheit mit ihrer Unschuld und Freiheit von den späteren zeitlichen Belastungen. Er kann dankbar auf die Jahre der Jugend und des aufsteigenden Teils in der ersten Lebenshälfte zurückblicken, wenn er sie dann hinter sich hat. Er kann bewußt die Mittagszeit des Lebens empfinden, wenn sie gekommen ist, ebenso wie die Phasen des Nachmittags und des irgendwann bevorstehenden Sonnenuntergangs. Jedes Lebensalter ist unmittelbar zu Gott, hat ein bedeutender Christ gesagt. Er hatte zweifellos recht; denn jedes Lebensjahr gehört gleichermaßen zu der Zeit, die Gott einem Menschen in Liebe geschenkt hat – einschließlich der äußeren und inneren Rahmendaten, die Gott ihm für die jeweilige Phase setzt. Zu dieser Geborgenheit in der Zeit gehört es, den augenblicklichen Lebensabschnitt so, wie er uns vergönnt ist, voll und ganz aus der Hand Gottes anzunehmen und nicht etwa am heutigen Tag vorbeizuleben dadurch, daß wir träumend aus ihm entweder in die Vergangenheit oder in die Zukunft zu flüchten suchen. Denn der lebendige Gott, der die Zeit schenkt, will uns in der unmittelbaren Gegenwart immer wieder ganz neu begegnen. Wenn wir zu solcher Begegnung mit ihm bereit sind – ganzheitlich offen wie ein Kind –, dann ist er bereit, das Jetzt in unserem Alltag durch seine Nähe zu heiligen und uns zugleich immer wieder jene Gipfelperspektiven zu schenken, in denen wir über die Niederungen des heutigen Tages hinweg das Leben als Ganzes in seiner vollen Spannweite wahrnehmen und erfahren können, in der Dimension von Zeit und Ewigkeit.

2.5 Motivation, Faszination und Konzentration

– Dummke und die Nägel

Wie kommt es eigentlich, daß verschiedene Menschen für dieselbe Tätigkeit oder denselben Lernvorgang so unterschiedlich viel Zeit brauchen? Sicher hängt dies ein Stück weit mit der individuellen Veranlagung zusammen: der eine ist eben von Natur aus flotter, der andere langsamer. Solche Unterschiede zeigen sich nicht nur in der Motorik, sondern viel stärker bei den geistigen Vorgängen. Jeder Lehrer beobachtet sie bei seinen Schülern, aber auch jede Mutter oder Erzieherin bei ihren Kindern. Und gute Pädagogen werden stets bemüht sein, diesen Unterschieden sinnvoll Rechnung zu tragen.

Wie aber kommt es, daß auch ein und derselbe Mensch mit bestimmten Tätigkeiten manchmal schnell zurechtkommt, während er bei anderer Gelegenheit für die gleiche oder eine ähnliche Leistung sehr viel mehr Zeit benötigt? Hier gilt es zu verstehen, daß unser Zeitbedarf in erstaunlich hohem Maße davon abhängt, wie stark wir bei der Sache, um die es sich handelt, motiviert, fasziniert und konzentriert sind.

Motivation bedeutet innere Antriebskraft. Wenn sie fehlt, steigt zwangsläufig der Zeitbedarf. – Schon beim Aufstehen fängt es an: wer sich auf den kommenden Tag freut und stark motiviert ist für das, was ihm bevorsteht, der findet früh und zügig aus dem Bett. Wer aber den kommenden Tag haßt oder fürchtet, der versucht unbewußt, sich vor ihm möglichst lange im Bett zu verstecken, und er wird Stunde für Stunde unter der Last seines Lebenspensums stöhnen.

Das gleiche Prinzip macht sich auf allen Gebieten bei unserem Umgang mit der Zeit bemerkbar. Was uns Spaß macht, geht in aller Regel flüssig vor sich. Was wir mit Interesse tun, gelingt uns schneller und leichter als andere Dinge, an die wir mit Desinteresse und Widerwillen herangehen. Jeder Lernvorgang in der Schule oder Hochschule gelingt um so besser, je mehr der Lernende dabei motiviert ist.

Motivation kann auf vielerlei Weise gefördert bzw. beeinträchtigt werden. So wird erfahrungsgemäß jeder Lernende dadurch besser motiviert, daß er die Zuwendung anderer Menschen erfährt, die sich für ihn als Person einschließlich seiner Lernvorhaben interessieren.

»Jetzt verstehe ich«, sagte Dummke, »was mein Sohn meinte, als er einmal als Zweitklässler aus der Schule kam und berichtete: Unsere Lehrerin hat gesagt, Klaus ist in der Schule schlecht muttiviert, weil er zu Hause keine Mutti hat.« Worauf Schlauke erwiderte: »Diese Lehrerin hat im Prinzip recht; denn Schulkinder aus intakten Familien, deren Eltern für sie da sind, Zeit für sie haben und liebevoll auf sie eingehen, solche Kinder sind tatsächlich viel besser zum Lernen motiviert als andere.«

Ebenso wird die Motivation gestärkt, und dies gilt besonders für den erwachsenen Menschen, wenn er den Sinn dessen, war er tut oder anstrebt, verstehen und bejahen kann. Im Idealfall, der allerdings nicht immer erreichbar ist, tut der Mensch etwas, wozu er sich selbst zuvor bewußt entschieden hat. Diese Bewußtheit seiner Zielsetzung verstärkt ungemein den Willen, sie zu erreichen.

Beispielsweise sind an Universitäten und anderen Hochschulen oft diejenigen Studenten besonders erfolgreich, die dorthin auf dem zweiten Bildungsweg gekommen sind: sie haben mitunter eine gutbezahlte Stellung aufgegeben, um sich auf ein bestimmtes höheres Ziel hin weiterzubilden. Diese starke Motivation macht zumeist den Nachteil bei weitem wett, der darin besteht, daß sie oft nicht mehr schulisch so unmittelbar in Übung sind wie Jüngere, die direkt vom Gymnasium kommen.

Natürlich trägt Erfolg besonders zur Motivation bei. Dies sollten wir nicht nur bei uns selbst, sondern um so mehr auch bei anderen Menschen bedenken, mit denen wir umgehen. Sie alle, vom Kleinkind bis zum alten Menschen, brauchen Erfolgserlebnisse und ermutigenden Zuspruch, um für das gut motiviert zu sein, was das Leben von ihnen fordert.

Jeder Lehrer weiß, daß der Schüler einen Lehrstoff um so besser und schneller erfassen und verstehen kann, je stärker er dazu motiviert ist. Wenn jemand ein bestimmtes Lieblingsfach hat, das ihn besonders interessiert, dann wird er spielend und schnell darin Fortschritte machen und gute Leistungen erzielen. Diese werden ihn dann wiederum noch stärker zu guten Leistungen motivieren. So entsteht eine Art Regelkreis mit enormer Selbstverstärkung und äußerst günstigen Auswirkungen.

Die Motivation für eine Tätigkeit kann auch darin liegen, daß man von ihrem Nutzen oder ihrer ethischen Notwendigkeit überzeugt ist, auch wenn sie einem im Augenblick keinen besonderen Spaß macht. Fehlende Motivation jedoch dürfte, wenn man ein Menschenleben in seinem Gesamtverlauf betrachtet, eine der Hauptursachen für vermeidbaren Zeitverlust sein.

Für manche fängt dieser Vorgang schon morgens damit an, daß ihnen für alltägliche Dinge wie Zähneputzen oder Duschen die Motivation fehlt. Noch schlimmer steht es manchmal mit der Motivation für häusliche Notwendigkeiten: einem demotivierten Menschen, der nur nach dem Lustprinzip leben möchte, fällt es ungeheuer schwer, einen Besen oder Staubsauger zu bedienen oder einen Mülleimer an der vorgesehenen Stelle zu leeren.

In der Schule, im Studium oder bei der beruflichen Tätigkeit sind viele schlecht motiviert für die Aufgaben, die sie Tag für Tag zu erfüllen haben. Sie quälen sich vielleicht aus Prestigegründen durch ein Studium oder eine

Ausbildung, für die sie weder Begabung noch Neigung mitbringen.

Anderen mangelt es an Motivation für die notwendigen Leistungen zum eigenen Fortkommen oder auch für Hilfeleistungen gegenüber anderen Menschen, die ethisch geboten sind. Wer erst einmal auf die Stufe einer solchen Null-Bock-Mentalität der totalen De-Motivation herabgesunken ist, für den wird dann schließlich das Leben zu einer Dauerqual, bei der selbst Kleinigkeiten, die eigentlich schnell von der Hand gehen könnten, ungeheuer zeitraubend werden.

Wie läßt sich bei uns die Motivation verbessern? Für den Christen ist die beste Motivation zu einer Handlung die Erkenntnis, daß diese in der augenblicklichen persönlichen Lage dem Willen, mitunter sogar dem besonderen Auftrag Gottes entspricht. Wer im Glauben reift, der wird mehr und mehr die vielen Aussagen im Neuen Testament verstehen, aus denen hervorgeht, daß ein Leben unter der Herrschaft Gottes ein solches, ist bei dem alles Denken, Fühlen und Handeln von seiner Liebe motiviert wird. Christsein bedeutet also etwas prinzipiell anderes als fromme moralische Pflichterfüllung mit grimmigem Gesicht oder gar nur die Einhaltung von ein paar sittlichen Tabus. Vielmehr geht die christliche, in der Bibel beschriebene Auffassung von der richtigen Motivation bis zu der ungeheuer wertvollen und bedeutsamen Aussage, daß alles (!) Sünde ist, was nicht aus Glauben geschieht (Röm 14,23). Am stärksten motiviert ist ein Christ zweifellos dann, wenn er aufgrund seiner Geborgenheit in Gott und der von ihm erfahrenen Lebensführung die Gewißheit hat, in der konkreten augenblicklichen Situation an einem Ort zu sein und etwas zu tun, was im Rahmen des von ihm empfangenen Auftrags liegt.

Eigentlich sollte für uns in jeder Situation das konsequente Nachdenken über Sinn und Ziel einer Sache entweder zu einer Stärkung unserer Motivation für sie oder aber dazu führen, daß wir sie unterlassen, in beiden Fällen also zu einem spürbaren Zeitgewinn. Dabei können vielleicht folgende selbstkritischen Fragen hilfreich sein:

1. Gehört das, was mir Probleme bereitet, wirklich zu meinem Lebensprogramm?

2. Habe ich die richtigen Konsequenzen aus Erfolgen und Mißerfolgen gezogen? Oder quäle ich mich mit Aufgaben und Zielen, die nicht zu mir und meinen Begabungen passen?

3. Bin ich bereit, Dinge zu tun, weil sie nun einmal notwendig sind, und zwar so, daß diese Einsicht meine Motivation stärkt? (Übrigens kann bei richtiger Einstellung sogar eine Negativ-Motivation zeitsparend wirken: ich weiß, daß mir diese Sache keinen besonderen Spaß macht; aber ich sehe ein, daß sie unbedingt erledigt werden muß. Daher bin ich bemüht, sie so schnell und ordentlich wie möglich hinter mich zu bringen. Anschließend kann ich mir Zeit nehmen für etwas, was ich gerne tue.)

4. Kenne ich meine wahren Motive? Warum bin ich zu bestimmten Dingen so schlecht motiviert? Habe ich Angst, etwas zu lernen, was für mich neu ist? Bin ich früher einmal – z. B. durch Eltern, Lehrer oder andere Bezugspersonen – auf diesem Gebiet durch unangemessene Kritik demotiviert worden? Oder durch Mißerfolge bzw. ungute Erlebnisse?

5. Wie kann ich die äußeren Bedingungen für meine Tätigkeit (Wahl der Zeit, Gestaltung des Raumes, Verwendung der bestmöglichen geistigen Hilfsmittel oder Werkzeuge usw.) so verbessern, daß ich mit den Aufgaben besser zurechtkomme und dann auch besser motiviert bin?

Faszination ist die starke emotionale Begeisterung für eine Person oder Sache in der Begegnung mit ihr. So manch einer ist z. B. ein begeisterter Musiker, Politiker, Mathematiker oder Sportler geworden, weil er auf diesem Gebiet ein Vorbild hatte, von dem er in frühen Jahren seiner Entwicklung fasziniert war. Eine ähnlich starke Faszination kann auch von der Sache als solcher ausgehen – selbst dann, wenn sie einem jungen Menschen nicht durch eine Person vermittelt wird. Letzteres ist oft der Fall gewesen, wenn jemand auf einem Gebiet ganz besonders hochbegabt, vielleicht sogar genial war. So war Friedrich Gauß von der Mathematik fasziniert und wurde der bedeutendste Mathematiker in der deutschen Geschichte, obwohl er aus einfachen Kreisen stammte und weder seine Eltern noch sein Dorfschullehrer ihm dabei als Vorbilder dienen konnten.

Für den Umgang mit der Zeit ist die Erfahrung ganz wesentlich, daß ihn neben anderen Faktoren gerade auch diese Faszination, die emotionale Begeisterung für eine Sache prägt. Denn wer auf irgendeinem Gebiet erlebt hat, wie sie ihn »beflügelt« und beschwingt davonträgt, bei dem wird dies zu einem Schlüsselerlebnis vom ungeheuren Gehalt. Er erfährt hier konkret das Geheimnis der erfüllten Zeit, wobei ihre quantitative Seite völlig durch die qualitative überhöht wird.

Der von einer Sache begeisterte Mensch »vergißt Zeit und Stunde«. Er gewinnt dynamische Kräfte, Ausdauer und kreative Energie. Mitunter macht er in Wochen, vielleicht sogar in einzelnen Stunden, die zu Sternstunden für ihn werden, Fortschritte und findet den großen Wurf oder den entscheidenen geistigen Durchbruch, während er ohne diese Faszination sich mühsam und quälerisch von Detail zu Detail durcharbeiten müßte und vielleicht Monate benötigen würde, um möglicherweise das gleiche Ergebnis zu erreichen.

Wer von einer Sache fasziniert ist, der beschäftigt sich gerne, spontan, intensiv und ausdauernd mit ihr. Dabei wird er in aller Regel schnelle Fortschritte machen, also bei verhältnismäßig geringem Zeitbedarf gut und erfolgreich vorankommen. Jeder Erfolg aber verstärkt die Motivation und Faszination noch weiter und beschleunigt dadurch wiederum den Fortschritt auf einem Gebiet.

»Fasziniert bin ich besonders vom Faulenzen«, meinte Dummke, »wenn ich erst einmal richtig damit angefangen habe, dann packt es mich so gewaltig, daß ich so bald kein Ende mehr dabei finde.« – »Als Einstieg ist das für dich gar nicht so schlecht«, antwortete Schlauke schmunzelnd; »sicher wirst du bald so fasziniert, kreativ und zielstrebig arbeiten können, wie du schon faulenzen kannst.«

Wer von einer Sache fasziniert ist, der ermüdet bei ihr viel weniger als ein anderer, der sie nur pflichtgemäß und möglicherweise desinteressiert zu bewältigen sucht. Beim Lernen erfaßt der Faszinierte leichter die großen Zusammenhänge, auf die es ja ankommt; und allein dadurch spart er die Zeit, die sonst notwendig ist, wenn dieser Durchblick durch das Einpauken von unzähligen Einzelheiten ersetzt werden muß.

Solche Erkenntnisse mögen manchem, der sich selbst zu den durchschnittlich Begabten, den geistigen Normalverbrauchern rechnet, als für ihn nicht anwendbar erscheinen. Was soll auch jemand tun, der nicht das Vorrecht hat, auf irgendeinem Gebiet die Begabung eines Gauß, Einstein, Mozart, einer Margret Thatcher oder einer Steffi Graf zu besitzen?

Doch ist diese Betrachtungsweise sicher einseitig. Es mag zwar zutreffen, daß es Genies leichter haben als wir normal Veranlagten, wenn es darum geht, das Gebiet der größten eigenen Faszination zu entdecken und auf ihm erfolgreich zu werden. Aber erlebt nicht eigentlich jeder von uns im Lauf des Lebens Stunden echter Begeisterung und Faszination? Mag sein, daß diese Gebiete oft im Bereich von Hobbys liegen. Vielleicht sammeln wir begeistert Briefmarken, Käfer, alte Landkarten... Vielleicht spielen wir begeistert ein Instrument, ohne daß wir Konzert-Virtuosen werden. Vielleicht sind wir von einem bestimmten Schriftsteller fasziniert und verschlingen seine Werke geradezu, ohne daß wir dadurch selbst zu ähnlichem literarischem Schaffen inspiriert werden. Dennoch wird uns diese Faszination etwas von jenem emotionalen Schwung geben, der uns dann auch auf anderen Lebensgebieten vor zeitraubender Pedanterie und einem Erschlaffen der Antriebskräfte bewahrt.

Man kann diese Beobachtung auch negativ ausdrücken: wer kein Lebensgebiet kennt, von dem er wirklich fasziniert ist – weder in der Schule, im Studium oder im Beruf noch als Hobby – der wird im Laufe der Zeit erfahrungsgemäß immer verkrampfter. Seine Aufgaben werden ihm nach und nach immer schwerer fallen, weil er sich freudlos in einen lethargischen Alltags-Trott sinken läßt. Es wird ihm zunehmend schwerer fallen und zeitraubender für ihn werden, auch nur die normalen Lebensaufgaben zu bewältigen. Gerade beim Umgang mit der Zeit zeigt sich, daß derjenige, der großzügig in ihrer Dynamik lebt, immer mehr Zeit geschenkt bekommt. Dagegen wird demjenigen, der krampfhaft und geizig an ihr festzuhalten versucht, auch das Wenige noch genommen, was er zu haben meint – *wie bei jener Witwe, die im Wohnzimmer nie das Fenster öffnete, weil die kostbare Luft nicht entweichen sollte.*

Konzentration ist die Fähigkeit, die ganze Lebensenergie ungeteilt auf die Sache zu richten, die gerade an der Reihe ist. Wer sich konzentriert, der erlebt den Augenblick intensiv und erfüllt. Alle seine Kräfte, auch die unbewußten, wenden sich gebündelt dem einen Inhalt zu, um den es gerade geht.

Konzentration kann geradezu Wunder bewirken. Sie trägt wesentlich zum Erfolg einer Tätigkeit bei, besonders dann, wenn die Aufgabe komplexer Natur ist und sich nicht beiläufig erledigen läßt. Höchstleistungen bei der wissenschaftlichen Forschung, beim künstlerischen Schaffen, beim Sport oder beim unternehmerischen Handeln setzen immer eine hohe, trainierte Konzentration bei denen voraus, die sie erbringen. Kein Wunder, daß bei solcher Konzentration das Ergebnis eines Lern- oder Arbeitsvorgangs viel besser wird und sich mit erheblich weniger Zeitaufwand erreichen läßt als bei unkonzentriertem Handeln!

Dummke wollte zwanzig lange Nägel in ein Brett schlagen; aber er konnte sich nicht auf jeweils einen davon konzentrieren. Um Zeit zu sparen, fing er nach und nach mit immer weiteren Nägeln an, bevor auch nur einer davon zu Ende bearbeitet war. Schließlich schlug er, wahllos hin- und her wechselnd, einmal hier und einmal dort auf einen Nagel ein, wo er gerade den größten Nachholbedarf zu entdecken meinte. Als Schlauke ihn dabei beobachtete und seine wachsende Hektik bemerkte, meinte er nur: »Dir fehlt die Konzentration. Wenn du langsamer und konzentrierter arbeiten würdest, dann wärst du viel schneller fertig.«

Konzentration hängt von mancherlei Faktoren ab, äußeren wie inneren. Ein Stück weit läßt sie sich lernen, vor allem durch altersgemäße, fast spielerische Einübung in früher Kindheit oder Jugend. Bereits ein Kind kann lernen, konzentriert interessante Einzelheiten in der Natur zu beobachten, den Klängen guter Musik zu lauschen oder beim Gesellschaftsspiel mit Konzentration und Ruhe sitzenzubleiben, bis das Spiel abgeschlossen ist.

Wo in einer christlichen Familie täglich eine kindgemäße Andacht stattfindet, ist dies nicht nur eine wertvolle geistliche Bereicherung, sondern zugleich auch eine gute Konzentrationsübung für die Kinder. Richtig dosiert, kann dies Begeisterung und Interesse der Kinder wecken, fern von aller Dressur. Sie kann eine Vorbereitung dafür sein, daß der Erwachsene später zu echter Andacht im Sinne der Konzentration auf Gott fähig und bereit ist.

Konzentration im Klassenzimmer ist der halbe Lernerfolg. Jeder Lehrer weiß, daß er mit der Stoffvermittlung um so flotter und erfolgreicher vorankommt, je stärker neben der Motivation und der Faszination des Schülers die Konzentration ist.

An der Hochschule und Universität setzt jede Lehrveranstaltung im Grund voraus, daß die Teilnehmer bereits die hohe Kunst der Konzentration beherrschen. Der heutige Vorlesungsbetrieb verlangt in der Regel, daß die jungen Damen und Herren imstande sind, jeweils 90 Minuten lang konzentriert einem Vortrag zuzuhören, der von Minute zu Minute komprimierten Stoff vermittelt und intensives, ununterbrochenes Mitdenken erfordert. Kein Wunder, daß oft diejenigen dabei scheitern, die sich nicht konzentrieren können! Wer stark abgelenkt ist und womöglich auch bei der laufenden Verarbeitung des aufgenommenen Stoffes am eigenen Schreibtisch nicht die erforderliche Konzentration aufbringt, der kommt fachlich sehr bald ins Schwimmen und verliert den geistigen Anschluß, was oft zum Studienabbruch führt.

Jeder Vorgesetzte im Beruf weiß, daß der Erfolg seiner Mitarbeiter stark davon abhängt, wie stark sie sich auf die jeweilige Arbeit konzentrieren können. Dies gilt besonders dann, wenn hohe geistige Leistungen damit verbunden sind. Und immer wieder zeigt sich, daß Konzentration nicht nur zu verbessertem Erfolg und leichterem Ablauf eines Vorhabens, sondern auch zu erheblicher Zeiteinsparung führt.

In jeder der genannten Situationen gibt es Einflüsse, die die Konzentration beeinträchtigen oder gar auf Dauer lahmlegen können. Man braucht ja nur ein Kleinkind so mit Puppen und Teddybären zu überhäufen, daß es kein »persönliches« Verhältnis mehr zu jedem einzelnen davon finden kann. Man sorge dafür, daß die Erlebniswelt eines Kindes chaotisch, disharmonisch oder hektisch wird, um seine Konzentrationsfähigkeit permanent zu schädigen. Denn Konzentration benötigt, vor allem wenn sie erst erlernt wird, eine ruhige, konfliktfreie, überschaubare Welt, in der ein junger Mensch sich orientieren und deren wichtigste Seiten er bewußt wahrnehmen kann. Man sorge also dafür, daß es im Tagesablauf des Kindes oder des jungen Menschen keine festen Regeln, keine sich wiederholenden Rhythmen gibt, und er wird bald die Fähigkeit zur Konzentration verlieren. Man setze ihn Fernsehprogrammen oder Computerspielen aus, bei denen die Kamera-Einstellung möglichst in Bruchteilen einer Sekunde ständig wechselt, so daß er sich nie auf ein Bild konzentrieren kann, bevor es verschwindet. Dadurch wird man ihn etwa so verwirren, als wenn man einem Hungrigen in Sekundenschnelle bestimmte Speisen vor die Augen hält, sie aber blitzschnell wegzieht, sobald er zugreifen möchte. Natürlich wird jemand, den man so behandelt, außer Verdauungsschwierigkeiten auch ähnlich schwere psychische Schäden entwickeln, wie es heute bei Millionen von fernsehgeschädigten Menschen der Fall ist. Denn unbewußt bildet sich bei dieser Art von Berieselung die Einstellung heraus, daß es niemals möglich wäre, sich näher auf eine Sache zu konzentrieren, da sie einem ja ohnehin ganz schnell wieder entzogen wird. Man wird auf diese Weise oberflächlich und schnellebig. Beim Gespräch wechselt man am liebsten alle paar Augenblicke das Thema, da es einem ja gar nicht in den Sinn kommt, daß es bei stärkerer Konzentration auf eine Sache – bei genauerem, konzentriertem Hinhören, Hinsehen und Nachdenken – eigentlich immer sehr viel Interessantes und Tieferliegendes an ihr zu entdecken gibt, als einem in den ersten paar Augenblicken bei oberflächlicher Begegnung mit ihr bewußt wird.

Nachdem diese Fehlentwicklung in der heutigen Gesellschaft schon weit fortgeschritten ist, sind längst auch die Fachleute in Schulen, Kirchen und Medien wie Hörfunk und Fernsehen auf einen Menschentyp eingestellt, der ständig einen Themenwechsel braucht, der also nicht mehr imstande und vor allem auch nicht mehr bereit ist, sich länger als maximal ein paar Minuten auf eine Sache zu konzentrieren. *Sollte diese Entwicklung so weitergehen, so muß wahrscheinlich bald jeder Gottes-*

dienst, jede Vorlesung, jeder Vortrag, jede Sitzung in zahlreiche kurze »Takes« unterteilt werden, vielleicht solche von je drei Minuten Dauer, auf die jeweils ein amerikanischer Schlager folgt, verbunden mit gymnastischen Übungen der Teilnehmer.

Eine Gesellschaft aber, deren Bürger sich nicht mehr konzentrieren können, wird oberflächlich, emotional und leicht manipulierbar. Selbst wenn sie eine Zeitlang noch Nobelpreisträger hervorbringen sollte – natürlich nur innerhalb jener Minderheit, die noch tiefe Konzentration praktiziert –, so verliert sie dennoch spürbar den geistigen und geistlichen Tiefgang, der zur Lebensorientierung und Sinnfindung des einzelnen unabdingbar ist. Für einen Menschen aber, dem die Konzentration fehlt, wird nicht nur der Alltag mit seinen Ansprüchen immer mühsamer: auf Dauer zerrinnt die Zeit seines Lebens zwischen belastender Hektik und oberflächlichem Freizeitkonsum, ohne daß er noch die Inhalte finden und in sich aufnehmen könnte, die seinem Leben erst die eigentliche Identität verleihen würden.

Im Leben des Erwachsenen wird oft die Konzentration auch behindert durch schwere, ungelöste persönliche Probleme. Manchmal mögen sie durch eigene Schuld, manchmal durch die anderer Menschen entstanden sein. Wer noch nach langen Jahren täglich von dem Haß auf Menschen beherrscht ist, die ihm wirklich oder vermeintlich Böses zugefügt haben, dessen Innenleben hindert ihn an der Konzentration auf die Außenwelt mit ihren Anforderungen. Wer sich im Büro ununterbrochen über einen Mitarbeiter ärgert, der wird sich kaum auf die anstehenden Sachprobleme konzentrieren können. Wen dunkle, ungeklärte Punkte der eigenen Vergangenheit stark belasten, vielleicht mit der ständigen Angst vor Entdeckung und Ansehensverlust, der wird nicht frei sein zur Konzentration auf die unmittelbare Gegenwart. Wer mit sich selbst nicht klargekommen ist und darunter leidet, daß er durch Menschen oder Umstände daran gehindert wurde, den richtigen Platz im Leben zu finden, dem wird die Konzentration auf den heutigen Tag und seine Aufgaben schwerfallen.

Alle diese Probleme können zu erheblicher Konzentrationsschwäche und damit zum Verlust vieler kostbarer Zeit führen. Wir sollten daher, um den richtigen Umgang mit der Zeit zu finden, ehrlich nach einer wirklichen Lösung dieser unserer Probleme suchen. Manchmal wird dies durch therapeutische Behandlung versucht. Doch gibt es Fälle, in denen eine solche Behandlung, statt zu einer Besserung zu führen, selbst zu einer Dauerbelastung wird. Denn letztlich brauchen wir Vergebung der Schuld und nicht nur Behandlung ihrer Folgen. Da ist es entscheidend für uns, zu wissen, daß Jesus Christus für unsere persönliche Schuld und für die aller übrigen Menschen gestorben ist. Wir sind eingeladen, betend zu Gott zu kommen mit der echten Bitte um Vergebung dieser Schuld und dürfen uns dabei auf Jesus Christus berufen, auf seinen Tod und seine Auferstehung. Das Erstaunliche ist, daß wir auf diesem Weg echte Vergebung erfahren können, die uns zu veränderten Menschen macht. Zum Christsein gehört ganz wesentlich diese Bewußtseinsveränderung, die aus der gelebten täglichen Kommunikation mit Gott stammt. Wer aber auf Gott konzentriert ist und seine Liebe täglich erlebt, dem wird auch die Kraft geschenkt, seine Feindbilder zu überwinden und allen Menschen zu verzeihen. Er findet unter der Leitung Gottes seine eigene Identität; er erlebt die Heilung zwischenmenschlicher Konflikte. Er gewinnt die innere Freiheit, sich auf diejenigen Lebensinhalte zu konzentrieren, die wirklich zu dieser neuen Identität gehören. In den Zeitablauf eines Menschenlebens kommt so die höchste denkbare Erfüllung und innere Ordnung einschließlich Motivation, Faszination und Konzentration hinein und mit ihr viele tausend Stunden geschenkter Zeit.

2.6 VULBA, BELBA und VODE

Manche sehnen sich ehrlich nach einem verbesserten Umgang mit ihrer Zeit – in der Absicht, sie effizienter zu verwenden. Sie besuchen vielleicht Seminare oder lesen Bücher, in denen bestimmte Techniken dazu gelehrt werden. Sie stellen nach gelernten Mustern die entsprechenden Pläne für Tage, Wochen, Monate und Jahre auf. Und doch machen sie dann die niederschmetternde Erfahrung, daß immer wieder etwas dazwischenkommt und es ihnen nicht gelingt, diese guten Pläne einzuhalten.

Natürlich kann diese Tatsache objektive Gründe haben. Ein Todes- oder plötzlicher Krankheitsfall in der Familie, ein eigener Krankenhausaufenthalt, eine Autopanne unterwegs – all dies kann dazu führen, daß wir unseren Zeitplan nicht einhalten können und irgendwo absagen müssen...

Oder aber es hat an einer der vielen kleinen Verzögerungen im Alltag gelegen: ein Schriftstück oder sonstiger Gegenstand findet sich erst nach längerem Suchen. Ein nicht erwartetes, aber für den Partner dringendes Telefongespräch dauert erstaunlich lange. Autofahrer, die zu spät kommen, pflegen sich mit den typischen Verzögerungen dieser Art von Fortbewegung zu entschuldigen: Stau, Panne, Unfall, Parkschwierigkeiten, natürlich immer unvorhergesehen, obwohl bei den letzten drei Sitzungen dem gleichen Teilnehmer auch schon jedesmal ein Malheur aus dieser Liste passiert ist. Oder es war nur der berühmte Knopf, der im letzten Augenblick abgerissen ist und erst wieder angenäht werden mußte.

Vielleicht war auch die Planung unrealistisch, weil wir uns einfach mehr vorgenommen haben, als in der vorgesehenen Zeit zu schaffen war. Solche Planungsfehler werden sich eigentlich nach und nach dadurch vermeiden lassen, daß wir es immer besser lernen, den Zeitbedarf für unsere Vorhaben realistisch einzuschätzen und bestimmte Zeitpolster für Unvorhergesehenes von vorne herein einzuplanen. Der beste Weg dahin dürfte eine tägliche Bestandsaufnahme sein unter dem Gesichtspunkt: wieviel habe ich gestern von dem Geplanten verwirklicht? Wie muß ich für die Zukunft die Zeitvorgaben verändern? So wird eine Rückkoppelung entstehen, die unsere Zeitplanung immer realistischer macht.

Die Hauptschwierigkeiten bei der Einhaltung unserer Zeitpläne sind jedoch subjektiv und gewissermaßen endogen: sie kommen aus der eigenen Psyche, und zwar aufgrund des mehr oder weniger ausgeprägten Lust-Unlust-Prinzips, dem VULBA- und BELBA-Mechanismus. Denn je weniger diszipliniert ein Mensch ist, desto mehr neigt er dazu, Dinge möglichst lange vor sich herzuschieben und allenfalls verspätet zu erledigen, die er mit innerem Widerwillen tut. Mehr oder weniger leiden wir nämlich alle unter dem VULBA-Mechanismus, womit die **V**erschiebung **u**n**l**ust-**b**etonter **A**ktivitäten gemeint ist.

Was uns keinen Spaß macht, suchen wir möglichst lange hinauszuschieben, wobei dieser Vorgang weitgehend unbewußt verläuft, so daß wir in der Regel sogar an unsere vermeintlichen Gründe für diese Verzögerungen glauben. Denn gerade auf dem Gebiet der Zeiteinteilung ist das Unterbewußtsein sehr erfinderisch bei der Wahl seiner Begründungen und Selbstentschuldigungen.

Im Tagesablauf beginnt für manche der VULBA-Mechanismus bereits damit, daß sie das Aufstehen, weil unlustbetont, Minute um Minute verschieben, auch wenn der Wecker bereits geklingelt hat. Bei Kindern *(oder gar auch bei Erwachsenen?)* soll es schon vorgekommen sein, daß sie für einfache Notwendigkeiten der Körperpflege wie Zähneputzen oder kaltes Duschen nicht die erforderliche Zeit fanden. Im Haushalt steht es manchmal ähnlich mit Tätigkeiten wie Geschirrspülen, Abfallentsorgung oder Reinigung und Schneeräumung um das Haus herum, weil all dies für viele von uns nicht gerade zu den lustbetonten Tätigkeiten gehört.

Eine längst notwendige Anmeldung beim Zahnarzt, beim Finanzamt oder bei der Auto-Reparaturwerkstatt schieben manche immer weiter hinaus, weil sie ahnen, daß das Ganze mit Unannehmlichkeiten der einen oder anderen Art verbunden sein wird. Und wenn die Sache dann eines Tages endlich abgeschlossen ist, finden sie oft einfach nicht die Zeit, um die Rechnung zu begleichen, zumal wenn hier ein finanzielles Unlustgefühl zu überwinden ist.

Wer eine Klassenarbeit oder eine Prüfung vor sich hat, der findet mitunter nicht die nötige Zeit, um sich darauf vorzubereiten, oder zumindest verschiebt er die erforderliche Tätigkeit des konzentrierten und organisierten Lernens so lange, bis sie nur noch unter Zeitdruck möglich ist. Auch hier scheint nach einem geheimnisvollen psychologischen Gesetz der Zeitmangel um so ausgeprägter zu sein, je stärker die Unlust gegenüber dem Prüfungsstoff ist. Bei akademischen Prüfungen melden sich manche dann in ihrer Verzweiflung noch kurzfristig ab, *ohne jedoch den VULBA-Mechanismus als Grund anzugeben.* Oder noch schlimmer: manche schieben als Studenten den Zeitpunkt, da sie sich zu einer Abschlußprüfung anmelden, immer weiter hinaus. Hier führt der VULBA-Mechanismus dazu, daß ein junger Mensch im Hinblick auf sein erstrebtes optimales Lebensprogramm wertvolle Jahre verliert.

Im Alltag spielt der VULBA-Mechanismus eine fatale Rolle. Was liegt näher als das Argument: diesen Beschwerdebrief habe ich noch immer nicht beantwortet, da ich keine Zeit hatte? Die wahre Begründung: er erinnert mich an bestimmte Fehler, die ich begangen habe, und das ist mir sehr unangenehm. (Ich habe aber in den Wochen, seit dieser Brief bei mir eintraf, mancherlei andere Korrespondenz geführt, die für mich weniger unangenehm war. Und ich habe mich im Laufe jedes Tages mit allen möglichen Dingen befaßt, die zwar weniger dringlich waren, dafür aber mehr Spaß machten.)

Ich kann diesen kranken Bekannten, der dringend mit mir sprechen möchte, nicht besuchen, da ich die ganze Woche hindurch keinen Abend für ihn Zeit habe. (Wohl aber habe ich an den Abenden Zeit für ein Fußball-Länderspiel im Fernsehen, für meine Briefmarkensammlung, für einen Besuch in der Eisdiele. Durch wirklich wichtige Verpflichtungen von hoher Priorität besetzt sind vielleicht nur zwei oder drei von den sieben Abenden der Woche.) – Ich konnte gestern keine Zeit finden, diesen lateinischen Text zu übersetzen (denn diese Arbeit war mir zuwider. Ich habe daher unbewußt das Jogging am Nachmittag, das Telefongespräch mit meiner Freundin und das Abendessen länger ausgedehnt als sonst und habe sogar noch als moralische Zugabe die Blumen im Garten gegossen, was ich sonst meist anderen in der Familie überlasse – all dies, um mir einreden zu können, daß ich für die Übersetzung wirklich keine Zeit hätte).

Dieses Gespräch mit einem Mitarbeiter habe ich schon seit Monaten immer wieder hinausgeschoben, weil es voraussichtlich zu einer schweren Auseinandersetzung zwischen uns führen wird. Und so kommt es mir nicht ungelegen, daß ich bisher noch keine Zeit dazu hatte.

Zu dieser für mich unangenehmen Sitzung bin ich sechs Minuten zu spät gekommen. Ich hätte früher vom Frühstückstisch aufstehen und losfahren müssen. Statt dessen habe ich aus Widerwillen gegen die bevorstehende Sitzung ganz verbissen noch ein Brötchen mehr gegessen als sonst, was ja auch viel angenehmer war.

Ich konnte den Gottesdienst nicht besuchen, da ich unbedingt am Sonntagvormittag ausschlafen »mußte«. (Denn ich gehe in letzter Zeit ungern zum Gottesdienst, und daher habe ich unbewußt den Samstagabend bis ein

Uhr nachts ausgedehnt, um am Sonntagmorgen auch wirklich zu müde zu sein.)

So etwa lauten Hunderte von Begründungen, die wir im Lauf eines Jahres für die vielen Fälle finden, in denen wir zu wichtigen Dingen nicht oder erst verspätet gekommen sind.

Der wahre Grund aber liegt im VULBA-Mechanismus. Wir brauchen uns selbst und andere nur einmal kritisch daraufhin zu beobachten, wie phantasievoll er uns macht. Manch einer findet die Zeit, einen spannenden Kriminalroman bis spät in die Nacht hinein zu lesen; aber er findet nur sehr wenig Zeit für ein Lehrbuch, mit dem er sich eigentlich aus dringenden Gründen intensiv beschäftigen müßte. Wenn jemand im Parlament eine Anfrage an die Regierung richtet, deren Beantwortung ihr Vergnügen bereitet, dann wird er die Antwort relativ schnell erhalten. Bei unangenehmen Fragen mag es vorkommen, daß die Antwort viel länger auf sich warten läßt, da ja die damit befaßten Stellen zeitlich überlastet sind.

Vor Jahren habe ich einem Freund ein Sachbuch über ein Thema geliehen, das zwischen uns strittig war. Als ich ihn nach längerer Zeit einmal nach diesem Buch fragte, stellte sich schließlich heraus, daß er es nicht über sich gebracht hatte, es zu lesen, sondern er hatte das Buch – wohl in einem Anfall von extremem Unlustgefühl – einfach weggeworfen. Hier hatte der VULBA-Mechanismus offenbar so stark gewirkt, daß einer eine für ihn unangenehme Lektüre zunächst immer weiter hinausgeschoben und sich dann durch einen Gewaltakt von dieser Notwendigkeit zu befreien versucht hatte. Das Fatale ist ja nur, daß sich auf diesem Wege nie ein Problem wirklich lösen läßt. Im Gegenteil: es verschlimmert sich.

Wer einigermaßen selbstkritisch ist, der braucht nur einmal eine Bestandsaufnahme von sämtlichen Vorhaben zu machen, die bei ihm zur Zeit unerledigt liegengeblieben sind. Wenn er seine eigenen Begründungen für die

Verzögerungen nicht allzu ernst nimmt, dann wird er wahrscheinlich feststellen können, daß in vielen Fällen die Nichteinhaltung von Terminen bzw. die eingetretene Verzögerung seiner Vorhaben ganz schlicht mit dem VULBA-Mechanismus zusammenhing. Er dürfte bei unserem Umgang mit der Zeit eines der wesentlichen Hindernisse für die Effizienz sein, zumal ja eine unlustbetonte Tätigkeit, wenn wir uns schließlich endlich zu ihr durchgerungen haben, erfahrungsgemäß schleppend – also mit hohem Zeitverbrauch – vor sich geht und dazu noch besonders anfällig gegen (gefühlsmäßig willkommene) Unterbrechungen jeder nur denkbaren Art ist.

Eine unangenehme Arbeit am Schreibtisch suchen wir möglichst lange hinauszuschieben – natürlich immer unbewußt –, indem wir etliche andere Arbeiten, die nicht ganz so unangenehm sind, vorziehen. Kommt aber der Zeitpunkt, da dieser Mechanismus nicht mehr gut funktioniert, so erfindet unser Unterbewußtsein auch im letzten Augenblick noch weitere Verzögerungsmechanismen: vielleicht müssen wir ausgerechnet jetzt erst einmal das Zimmer verlassen, um uns die Hände zu waschen oder dergleichen. Danach folgt vielleicht eine Tasse Kaffee außer der Reihe, diesmal besonders langsam zubereitet, sodann ein minutenlanger Blick aus dem Fenster, um bestimmte Wetterveränderungen zu beobachten, danach eine Beschäftigung mit den Fingernägeln (was ja als Zeitfüller immer gut ist; manche probieren es alle paar Minuten!). Sollte dann der unwahrscheinliche Fall eintreten, daß die Phantasie keine weiteren verzögernden VULBA-Ideen mehr hervorbringen kann, so lassen sich die genannten ohne weiteres in beliebiger Reihenfolge wiederholen.

Erstaunlich ist, daß der soeben beschriebene VULBA-Mechanismus bei den meisten, die unter ihm leiden, unbewußt verläuft. Ein solcher Mensch pflegt allen Ernstes zu glauben, daß ihm für die immer wieder aufgeschobenen Angelegenheiten tatsächlich die Zeit fehlen würde. Er wird sogar seine gesamte Intelligenz dazu aufbieten, um dies anderen und auch sich selbst mit Scheinargumenten zu begründen. Und wie immer, wenn starke Emotionen beteiligt sind, schirmt der Mensch sich in aller Regel notfalls eher durch Aggressionen gegen naheliegende Sachargumente ab, als daß er sein Verhalten ändern würde. Er hält eben an liebgewordenen Vorurteilen und Verhaltensweisen mit einer bewundernswerten Zähigkeit fest, und je mehr sie durch langjährige Praxis eingespielt sind, desto leidenschaftlicher wehrt sich sein Unterbewußtsein gegen naheliegende Verbesserungen beim Umgang mit der Zeit.

Parallel zum VULBA-Mechanismus entwickelt unser Unterbewußtsein den BELBA-Mechanismus, d. h. die **B**evorzugte **E**rledigung **l**ust**b**etonter **A**ktivitäten.

Schon das Kleinkind neigt dazu, die süße Nachspeise vor dem Fisch und Gemüse zu essen, wenn es dazu Gelegenheit hat.

Schulkinder entwickeln oft die Gewohnheit, bei den Schularbeiten zuerst das Fach zu erledigen, das ihnen am meisten Spaß macht, selbst wenn es sich um Aufgaben für übermorgen handelt, und solche Hausaufgaben zunächst zu verschieben, die zwar für morgen geschafft werden müssen, aber unlustbetont sind. *Es soll auch schon vorgekommen sein, daß in diesem Fall jemand aufgrund des BELBA-Mechanismus zur Vorbereitung auf die Mathematikaufgaben ein zeitraubendes Fußballspiel eingeschoben hat, das dann anschließend wiederum eine längere Phase für Duschen, Umkleiden, Ausruhen usw. erforderlich machte, so daß es sich schließlich nicht mehr lohnte, noch vor dem Abendessen mit diesen Aufgaben anzufangen.*

Als Erwachsene unterliegen wir dem BELBA-Mechanismus in mancherlei subtilen Formen, besonders wenn wir ihn aus der Kindheit und Jugend unreflektiert beibehalten haben. Manche greifen morgens gierig nach der

Zeitung, weil sie es nicht erwarten können, die nächste Fortsetzung eines Kriminalromans zu lesen, selbst wenn dabei der Kaffee kalt wird. Sie verschlingen geradezu ein Buch, wenn es sie begeistert, ohne dabei auf die Uhr zu sehen und an wichtige Termine zu denken. Wie schon erwähnt, kommt es gelegentlich vor, daß ein Student nicht die nötige Zeit zur Prüfungsvorbereitung findet. Viel seltener jedoch tritt der Fall ein, daß er aus Zeitmangel den Kontakt zu seiner Freundin abbrechen und sie monatelang auf den nächsten Besuch oder Anruf warten läßt. Im Gegenteil: die Lebenserfahrung zeigt, daß für lustbetonte Aktivitäten in der Regel spontan Zeit zur Verfügung steht. Mehr noch: so wie Kinder manchmal den Weihnachtsabend nicht abwarten können, sondern insgeheim vorzeitig die ihnen als Geschenke zugedachten Spielsachen ausprobieren, so neigen auch Erwachsene mitunter dazu, lustbetonte Lebensinhalte gierig vorwegzunehmen, die eigentlich für eine ganz andere, spätere Situation vorgesehen sind. Im Supermarkt futtern sie, während sie noch in der Warteschlange an der Kasse stehen, schon aus dem Joghurt-Becher, bevor sie ihn wenigstens bezahlt haben. Wer einmal bei anderen und bei sich selbst darauf achtet, der wird ständig Fallbeispiele für den BELBA-Mechanismus beobachten. Wenn an einem Tag mehrere Vorhaben zu erledigen sind, die zeitlich nicht festgelegt waren, so wird er sie oft unbewußt in der Reihenfolge des Lustgewinns angehen: das Angenehmste zuerst, das Unangenehmste zuletzt, sofern dann dafür noch Zeit bleibt.

Natürlich ist es nicht unmoralisch, wenn uns bestimmte Dinge im Leben Spaß machen. Auch vom christlichen Standpunkt aus ist nichts gegen sie einzuwenden – so als ob ein Christ grundsätzlich nur mit sauertöpfigem, grimmigem Gesicht durch die Welt gehen und immer nur fromme Dinge tun dürfte, ohne auch nur wahrzunehmen, daß die Landschaft herrlich, die Musik schön ist oder das Speiseeis vorzüglich schmeckt. Im

Gegenteil: ein bestimmtes Maß an diesen schönen, lustbetonten Inhalten scheint offenbar jedem von uns durchaus vergönnt zu sein.

Und doch kommt es bei allem, was wir genießen, auf den Zeitpunkt an. Lustgewinn zum falschen Zeitpunkt, unter den falschen Begleitumständen richtet nämlich stets Schaden an. Wer nicht ganz abgestumpft ist, der spürt, daß er etwas tut, was eigentlich nicht hierher gehört; sein Gewissen wird ihn verurteilen. Abgesehen aber von solchem Schuldbewußtsein kommt natürlich durch die doppelte Wirkung des VULBA- und BELBA-Mechanismus unser Zeitplan erheblich durcheinander. Wir schaffen Dinge, die eigentlich zu tun wären, oftmals nur deshalb nicht, weil wir sie wegen bestimmter Unlustgefühle immer weiter vor uns herschieben und unnötig viel Zeit ersatzweise mit anderen Tätigkeiten ausfüllen, die entweder Spaß machen oder wenigstens nicht ganz so unangenehm für uns sind. Das Ergebnis kann ein vollständiges Zeit-Chaos sein, wobei es dann nicht einmal darauf ankommt, ob wir dieses Chaos mehr als Hektik und Streß empfinden oder mehr als Langeweile beziehungsweise als eine merkwürdige Mischung von beidem.

Worin liegt die Lösung? Sicher nicht in einer krampfhaften Askese, die auf alles, was Freude machte, verzichten würde. Auch nicht in einer Ethik wie der von Immanuel Kant, der bedauerlicherweise die Überzeugung vertrat, daß Pflicht und Neigung sich beim menschlichen Handeln angeblich gegenseitig ausschließen würden: Pflicht also als der eigentliche Lebensinhalt, Neigung vielleicht als gelegentliche Zugabe. Denn glücklicherweise gibt es vieles im Leben, was zugleich unseren Pflichten und unseren Neigungen entspricht. Und im übrigen zeigt die Erfahrung, daß Menschen, die sich nur mit echten oder vermeintlichen Pflichten befassen und in diese vergraben, nach einiger Zeit merkwürdig verknöchert und innerlich verarmt wirken. Wo die Neigungen eines Menschen verkümmern, wird bei ihm auch die emsige Bemühung, das Notwendige zu leisten, irgendwie schablonenhaft und verkrampft. Ganz offensichtlich ist dies nicht die Lösung für das VULBA-BELBA-Problem.

Es geht vielmehr um eine Zeit-Disziplin aus einer tiefen inneren Freiheit. Voraussetzung dafür ist, daß wir lernen, uns selbst zu bejahen, so wie Gott uns geschaffen und gewollt hat – einschließlich all der von ihm empfangenen Gaben, Anlagen und auch Wünsche. Zugleich aber gilt es zu lernen, wie sich im ruhigen Gang der Uhr unseres Lebens der Rhythmus finden läßt, der zur Erfüllung dieses Lebens führt: ohne den Zwang, dies oder jenes ausgerechnet jetzt tun zu müssen, sondern in einem souveränen, beherrschten Umgang mit der Zeit, die uns vergönnt ist. Also nicht Askese für immer als Selbstzweck sollte das Ziel sein, wohl aber die Bereitschaft, die gelassene Freiheit und Willenskraft dazu, gerne in diesem Augenblick, in dieser Stunde, in dieser Lebensphase auf etwas zu verzichten, was mit dem jetzigen Zeitgesetz nicht zu vereinbaren wäre und womöglich zu schweren Belastungen, vielleicht zu irreparablen Störungen für den Lebensablauf eines oder mehrerer Menschen führen würde. So mancher hat sein angestrebtes Studien- und Berufsziel nur deswegen nicht erreicht, weil er eine Liebesbeziehung, eine Ehe zum falschen Zeitpunkt eingegangen ist und dann von der erforderlichen Konzentration am Schreibtisch durch starke Emotionen, vielleicht auch durch das Schreien eines Babys abgelenkt wurde. Nicht jede Frau hat die gleiche Lebensenergie wie jene verheiratete junge Ärztin, die mit ihrem Mann zusammen die verschiedenen Schwangerschaften so planen konnte, daß sie immer termingerecht mit ihren erfolgreichen akademischen Prüfungen abwechselten.

Wer etwas Lustbetontes zum falschen Zeitpunkt tut, wird selbst dann ein schlechtes Gefühl haben, wenn dabei nicht sein ethisches Gewissen, wohl aber sein Zeitgewissen verletzt wird.

»Jetzt weiß ich«, meinte Dummke, »warum mir neulich während des Bach-Konzerts die heiße Bratwurst nicht geschmeckt hat.«

Wenn wir aber vorübergehenden Verzicht üben können, wird für uns das Bewußtsein der Erfüllung um so größer sein, sobald der richtige Augenblick, die richtige Stunde, der richtige Lebensabschnitt für das Erwünschte dann gekommen ist. Wer also bereit ist, das jeweilige Zeitgesetz in seinem Leben zu erkennen, zu bejahen und diszipliniert einzuhalten, der wird für die vorübergehenden Verzichtleistungen, die damit manchmal verbunden sein mögen, zu gegebener Zeit reichlich entschädigt werden. Sein Leben wird eben nicht aus ständiger Anspannung und Kant'scher Pflichterfüllung bestehen, sondern sehr wohl die richtigen Zeiten der zweckfreien Muße, Entspannung, des Genießens und des Ruhens mit sich bringen – alles zur richtigen Zeit.

Die Antwort auf den chaotischen VULBA- und BELBA-Mechanismus liegt daher nicht etwa in einer masochistischen Verherrlichung der unlustbetonten Seiten des Lebens, also darin, grundsätzlich unter allen Umständen die unlustbetonten Verpflichtungen immer zuerst hinter uns zu bringen. Entscheidend ist vielmehr die Fähigkeit zu einer disziplinierten Zeiteinteilung, bei der das Wichtige effizient und vorrangig bewältigt wird und das Eilige zeitsparend und termingerecht erledigt wird, soweit es sich nicht delegieren oder von vornherein vermeiden läßt. Wichtigkeit und Eile aber sind objektive Maßstäbe und daher für den Umgang mit der Zeit ohnehin viel geeigneter als Lust oder Unlust. Die Überwindung von VULBA und BELBA liegt daher in einem dynamischen Vode, d. h. dem **V**erhalten mit **o**ptimaler **D**isziplin und **E**ffizienz. Ein solcher disziplinierter Umgang mit der Zeit kann geradezu ein ästhetischer Genuß für uns werden, und zwar in dem Maße, wie er zu Harmonie in unserem Zeithaushalt führt. Selbstverständlich gehören zu einem guten VODE-Programm auch angemessene Zeiten der Erholung und Entspannung; doch werden wir sie nur dann wirklich genießen können, wenn uns dabei nicht ein schlechtes Gewissen bezüglich eines Haufens von Dingen plagt, die wegen disziplinlosem Umgang mit der Zeit unerledigt liegengeblieben sind.

Negativ ausgedrückt: wer disziplinlos nach Selbstverwirklichung und schrankenloser Freiheit sucht, der endet bald in furchtbarer Unfreiheit. Die schlimmen Auswirkungen solcher vermeintlichen Freiheit holen ihn häufig bald ein: gesundheitliche, psychische, finanzielle, soziale und manchmal sogar strafrechtliche Konsequenzen. Ganz besonders zeigen sich aber die Folgen von Maßlosigkeit im Umgang mit der Zeit, wenn ein Mensch eines Tages einsehen muß, daß er das Wesentlichste in seinem Leben versäumt hat, weil er seine Zeit für rein ichbezogene, sinnlose Zwecke vergeudet hat.

In dieser Art von Disziplin liegt paradoxerweise ein großer Gewinn, nicht ein Verlust an Freiheit. Das gilt auf vielen Lebensgebieten: Disziplin, also Selbstbeherrschung beim Essen, Trinken von Alkohol oder Kaffee, beim Arbeiten, beim Umgang mit Geld, auch beim Sport und bei Hobbys, beim Einsatz unserer besten Kräfte, ganz besonders aber bei unserem Verhältnis zur Zeit. Zu Recht sagt Bonhoeffer in seinem großartigen Gedicht über die vier Stationen auf dem Wege zur Freiheit:

Niemand erfährt das Geheimnis der Freiheit, es sei denn durch Zucht.

2.7 Praktische Planung, »EUROPA« und KLEPF

»Ich plane alles immer so gut, bevor ich es nicht schaffe«, sagte Dummke. Worauf Schlauke ihm riet: »Warum fängst du nicht an zu lernen, wie man mit Augenmaß plant? Beim Essen tust du dir doch auch nur soviel auf, wie du schaffen kannst.«

Für jeden von uns ist der planende, souveräne Umgang mit der Zeit eine großartige Herausforderung, die es persönlich zu bewältigen gilt. Denn in dem unterschiedlichen Verhalten bezüglich der Zeitplanung liegt ein Hauptgrund dafür, daß von zwei Menschen mit annähernd gleicher Begabung unter ähnlichen Startbedingungen oftmals der eine so viel besser und problemloser vorankommt als der andere.

Jedoch ist planen hier nur die eine Hälfte des Erfolges. Denn jede Planung steht und fällt mit der »EUROPA« des Betroffenen, womit hier seine **E**nergie zur **U**msetzung **r**ealistisch **o**rganisierter **P**läne und **A**bsichten gemeint ist. Wenn Dummke so oft nicht schaffte, was er sich vorgenommen hatte, dann fehlte es bei ihm außer am Augenmaß für das Realisierbare bestimmt an dieser EUROPA.

Ein afrikanischer Staatspräsident sagte in einer Neujahrsansprache seinem Volk, daß es sich ändern sollte. Allerdings machte er dabei eigentlich drei Fehler:

1. Er sagte nicht, in welcher Richtung diese Änderung liegen sollte. Seine Aufgabe wäre es gewesen, klare Ziele für die dringend nötige Änderung zu nennen.

2. Er nannte keine konkreten Schritte, wie diese Änderung zu verwirklichen wäre. Solche Schritte hätte er nicht

nur nennen, sondern natürlich mit Hilfe seiner Regierung auch in Gang setzen sollen.

3. Da er keine einzelnen Schritte nannte und plante, unterblieb auch jede Terminvorgabe. Selbst ein paar kleine, konkret in absehbarer Zeit erreichte Schritte wären besser gewesen als eine blumenreiche, philosophisch schöne Erklärung von Absichten ohne Umsetzung in konkrete Vorhaben.

Ergebnis: Das Volk änderte sich nicht – wie sollte es auch, wenn es dem Staatspräsidenten offensichtlich an EUROPA fehlte, – womit natürlich nicht gemeint ist, daß die Dinge im Erdteil Europa durchgängig besser wären!

Das gleiche Problem stellt sich bereits für jeden, der ein Studium betreibt. Denn der halbe Weg zum Studienerfolg besteht darin, planende Ordnung in den Zeitablauf und die zu bewältigende Stoffhülle zu bringen. Dabei ist Selbstorganisation umso nötiger, je größer die äußere zeitliche Freiheit ist. Im deutschen Universitätssystem scheitern viele gerade an der Unfähigkeit zu dieser Selbstorganisation, also an zu geringer EUROPA.

Ein hervorragend begabter junger Mann hatte viele gute Ideen zum Thema seiner Doktorarbeit. Von einzelnen Erfolgen war er dabei so hingerissen, daß er immer weiter in die Materie eindrang. Dabei wuchs jedoch die Fülle des Materials immer mehr an, und er verzettelte sich. Da es ihm im Lauf der Jahre trotz der Ermahnungen seines wissenschaftlichen Betreuers nicht gelang, die Fertigstellung seiner Arbeit systematisch anzupacken und in durchführbare Abschnitte zu gliedern, scheiterte er nach Jahren schließlich wegen unzureichender EUROPA.

Wer ein Paket abschicken will, der braucht nicht nur den Inhalt, sondern sozusagen auch Karton und Bindfaden. Er muß die richtige Anschrift darauf schreiben, das Ganze zuschnüren und wirklich zum richtigen Zeitpunkt abliefern. Sonst würde der Weihnachtsstollen noch im nächsten Sommer vertrocknet beim Absender liegen, vielleicht weil dieser immer noch nicht das geeignete Geschenkpapier dafür gefunden hat. Wegen fehlender EUROPA scheitern viele unserer Absichten im Alltag, selbst dann, wenn wir sie planend in Vorhaben umgesetzt haben.

Dummke schrieb am 1. Januar in seinen Terminkalender: »Ab jetzt nur noch das Richtige tun.« Schlauke meinte jedoch, daß diese Eintragung ihm nicht viel nutzen wird. »Du mußt jeden Tag herausfinden, was das Richtige ist. Dann mußt du es in die richtigen einzelnen Vorhaben zerlegen und so planen, daß du dir genau vornimmst, wann du jeden Teil davon tun wirst. Und dann mußt du morgen die Planung genau darauf abstimmen, wieweit du heute mit dem Guten gekommen bist.«

Wer seine Ziele kennt und formuliert, kann sie mit bewußten, klaren Schritten eher verwirklichen als jemand, der nur vage, unformulierte Vorstellungen davon hat, was er erreichen möchte. Vorhaben und Absichten, die nicht klar formuliert waren, werden im übrigen erfahrungsgemäß viel eher unter entsprechenden Umständen abgeändert, fallengelassen oder schlicht vergessen. Insofern ist ein planender Mensch stets im Vorteil. Zwar mag es durchaus Leute geben, die ihr Leben mit nur wenig Zeitplanung bewältigen, und manche mögen dabei aufgrund einer glücklichen Veranlagung auch einigermaßen gut zurechtkommen. Ein solcher Mensch ist etwa in der gleichen Lage wie einer, der gut mit Geld umgehen kann, ohne jemals darüber Buch zu führen. Man mag ihn auch mit jemanden vergleichen, der ein Instrument spielen kann, ohne Noten oder musikalische Harmonielehre zu beherrschen, oder der eine Sprache nach Gehör spricht, ohne daß er mit ihrer Schrift und Grammatik vertraut wäre. In all diesen Fällen ist ein gewisser Erfolg ohne weiteres möglich, und Genies wie besondere Naturtalente mögen es dabei sogar erstaunlich weit bringen. Bei uns gewöhnlichen Sterblichen jedoch reicht dieses Verhalten nur für einfache bis mittlere, nicht aber für höhere Anforderungen aus. Wer dagegen einen anspruchsvolleren Beruf ausüben möchte, wer daneben in der Gesellschaft, der Gemeinde oder christlichen Bewegungen aktiv mitarbeiten möchte, wer darüber hinaus vielleicht noch auf einem geistigen oder sportlichen Gebiet intensive Interessen hat, der braucht auf jeden Fall eine funktionierende Zeitplanung.

Wir haben im vorigen Abschnitt bereits ausführlich über die subjektiven Faktoren nachgedacht, die uns bei der Einhaltung der eigenen Zeitpläne behindern, wobei es letztlich unsere Willensschwäche ist, die zu VULBA und BELBA führt. Bei dem Weg zu ihrer Überwindung ist jedoch nicht verkrampfte Selbstkasteiung und Dauer-Frustration zu empfehlen, sondern eine Verbesserung des Planungsvorgangs einschließlich der ständigen Rückkoppelung zwischen Ist und Soll. Denn jede Planung ist letztlich nur soviel wert wie ihre Umsetzung in die Wirklichkeit, sieht man einmal von dem psychologischen Nutzen ab, den sie für ihren Urheber haben mag. Man prüfe also jeden einmal aufgestellten Plan daran, inwieweit er realisiert worden ist, und man schreibe ihn in vernünftigen Zeitabständen so fort, daß stets eine sinnvolle aktuelle Version vorliegt und daß sich die Diskrepanz zwischen Ist und Soll ständig verringert. Man lerne also beides gleichzeitig: realistischer zu planen und das Geplante effizienter zu verwirklichen.

Zu einer guten Zeitplanung, die uns Freude macht und uns motiviert, brauchen wir eigentlich keine besonders komplizierten Hilfsmittel. Ein normaler Terminkalender mag bereits ausreichen, wenn er genügend viel freien Platz enthält, am besten eine DIN-A5-Seite pro Tag. Man trage so früh wie möglich für das ganze Kalenderjahr jeden Termin ein, der bereits feststeht, also etwa unter dem 10.7. Abflug nach Boston, unter dem 27.7.: Rückkehr aus Boston oder unter dem 23.11.: Silberhochzeit von

Sabine und Jochen in Hamburg, Feier ab 16.00 Uhr. Neben Tagungen, Konferenzen, Lehrgängen, Prüfungen, Arztterminen usw. gehören dazu auch relevante allgemeine Daten wie Beginn und Ende von Schulferien oder Semestern. Wer ein intensives Lebensprogramm und dazu noch einen Ehepartner ähnlichen Kalibers hat, der wird gut daran tun, aus den beiderseitigen Terminkalendern diese Eckdaten in einen gemeinsamen dritten Kalender zu übertragen, der immer für beide griffbereit in der Nähe des Telefons liegen sollte.

»Richtig«, dachte Dummke, »dadurch bekommt es meine Frau in Zukunft schriftlich, an welchen Abenden ich im Verein bin.« »Und falls sie da Fragen hat«, meinte Schlauke, »so solltest du auch eintragen, unter welcher Telefonnummer sie dich im Verein erreichen kann und wann du wieder nach Hause kommst. Weißt du: Bei manchen Verantwortungsträgern funktioniert die Verantwortung und die zeitliche Abstimmung zu Hause so schlecht, daß eine Frau mitunter nicht weiß, was ihr Mann gerade tut – oder auch umgekehrt.«

Auch für die Terminierung gemeinsamer Vorhaben wie eines Urlaubs oder einer Hausrenovierung ist bei Vielbeschäftigten dieser dritte Kalender sehr hilfreich. Denn es soll schon vorgekommen sein, daß Ehepaare oder Familien mit Kindern jahrelang keinen Urlaub zustandebrachten, weil es an der frühzeitigen koordinierten Planung fehlte (*und daher immer etwas dazwischenkam, wie man dann zu sagen pflegt*). Ebenso ist es schon passiert, daß ein Ehemann seinen Hochzeitstag vergessen und daher seiner Frau keine Blumen geschenkt hat, *weil dieser Tag nicht im Terminkalender eingetragen war und der Mann soviel anderes im Kopf hatte.* Eintragen sollte man in der Tat jeden Termin, bei dem auch nur die geringste Gefahr besteht, daß man ihn einmal vergessen könnte, insbesondere natürlich dann, wenn man ihn schon einmal vergessen hat.

Im Lauf des Jahres sind dann ständig die neu hinzukommenden Termine im Kalender nachzutragen. An Stellen, wo bereits eine Grobplanung vorliegt, sollte einige Wochen oder Tage vor dem Stichtag noch eine Detailplanung hinzukommen, also etwa unter dem 10.7.: Abfahrt zu Hause 07.45, Abflug Stuttgart 09.55 über Zürich, Ankunft Boston 14.50 Ortszeit, und im Zusammenhang mit dieser Reise: 1.7. Zeitung abbestellen, 5.7. Reisedevisen beschaffen, 9.7. Post verständigen usw. Bei der Planung der Uhrzeit für die Abfahrt zum Flughafen hilft natürlich die entsprechende Termineintragung von der letzten Flugreise. Überhaupt hat es sich bei Tätigkeiten, die sich für uns mehrfach wiederholen, als sehr hilfreich erwiesen, die benötigte Anzahl von Stunden und Minuten einmal zu ermitteln und für die Zukunft schriftlich zu notieren. Zum Beispiel hilft dem Autofahrer eine alphabetische Liste der Zielorte, die er vielleicht alle paar Monate oder Jahre einmal besucht, mit Angabe der Kilometerentfernung und der zuletzt benötigten Fahrzeit. Diese Information wird für ihn bei der Planung künftiger Fahrten ein zeitsparendes Hilfsmittel sein.

Der Terminkalender ist ebenfalls hervorragend dazu geeignet, in den Wochen vor dem Abflug jedesmal unter dem 10.7. eine Eintragung zu machen, wenn uns etwas einfällt, was im Reisegepäck auf jeden Fall mitgenommen werden soll und eventuell vergessen werden könnte. Für das Packen am 9.7. ist dann eine fertige Checkliste zur Hand.

Gerade wenn unsere Termine zahlreich sind und auf mehreren unterschiedlichen Ebenen liegen – z. B. Beruf, Familie, Vereinigungen, Gemeinde oder Kirche usw. –, dann kann die Terminbuchführung gar nicht gründlich genug sein, da sie ja zunächst einmal der Abstimmung dieser Ebenen untereinander dient, vielleicht auch der persönlichen Bestandsaufnahme bei der Setzung der Prioritäten.

Als hilfreich hat sich erwiesen, außer dem Terminkalender einen Leitz-Ordner anzulegen, in dem für jede bevorstehende Sitzung, Reise oder Veranstaltung die nötigen Unterlagen wie Tagesordnung, Protokoll der letzten Sitzung, Fahrkarte oder Flugticket (in einem genügend großen Umschlag, damit sie beim Lochen nicht beschädigt werden), Einladungsschreiben, Manuskript usw. abgeheftet sind, und zwar in der Reihenfolge der Stichtage geordnet. Auf diese Weise ergibt sich von selbst für jede Veranstaltung im voraus eine geordnete Sammlung der benötigten Papiere, was vor allem auch das bekannte hektische und manchmal erfolglose Suchen nach solchen Unterlagen unmittelbar vor dem Aufbruch zu einem Termin entbehrlich macht.

An einem Morgen wurde ein Vortragsreisender telefonisch am fremden Ort aus der Badewanne geholt, weil in einer anderen Stadt ein Hörerkreis bei einem Frühstückstreffen auf seinen Vortrag wartete. Er hatte zwar den Vortragstermin am Vorabend eingehalten, hatte aber offenbar aufgrund einer mehr intuitiven Planung als typischer Sponti diesen Morgentermin vergessen und gewissermaßen ins (Bade-) Wasser fallen lassen. Solche Erfahrungen, die jedem von uns einmal aufgrund einer persönlichen Panne unterlaufen können, machen deutlich, wie wichtig mit Rücksicht auf wartende Menschen unser sorgfältiger Umgang mit dem Terminkalender ist.

Wichtig ist natürlich, daß wir unseren Tag nicht zu voll mit Terminen besetzen. Spezialisten pflegen meist zu betonen, man solle nicht mehr als 65 oder 80 Prozent der verfügbaren Zeit mit termingebundenen Tätigkeiten verplanen; denn immer ist damit zu rechnen, daß Unvorhergesehenes dazwischenkommt. Besser aber als einen bestimmten Prozentsatz festzulegen ist hier, daß wir den konkreten Zeitbedarf realistisch und großzügig abschätzen und im übrigen konsequent einhalten. Wer viele Dinge im Leben zu bewältigen hat, so daß sich die Termine für ihn zu stark häufen, der braucht umso mehr die Fähigkeit und Bereitschaft zur Verschlankung seines Gesamtpensums. Es kommt also darauf an, bestimmte Termine gar nicht erst zu übernehmen und auf jeden Fall einen klaren Überblick über sie zu behalten bei genauer Festlegung der Prioritäten.

Zu den an Uhrzeiten und Tage gebundenen Vorhaben, also den Terminen, kommen viele weitere, die wir erledigen müssen, ohne daß eine feste Zeit für sie vorgegeben wäre. Nicht nur bei sogenannten Freiberuflern, sondern bei allen mit mehr oder freier Zeiteinteilung füllen diese Tätigkeiten den größeren Teil des Tages und des Jahres aus. Für eine Hausfrau, eine Studentin, einen Lehrer oder Pastor steht vielleicht fest, wann die Mahlzeiten, Vorlesungen, Unterrichtsstunden oder Gottesdienste stattfinden, nicht aber, wann die Zeit für ihre Vorbereitung anzusetzen ist. Umso dringender ist es, eine Gesamtliste aller dieser Vorhaben zu führen, soweit sie keine eingespielten Routine-Vorgänge sind, und jeden Morgen in der Stille diejenigen auf das Blatt für heute im Terminkalender zu übertragen, die ich in mein Tagesprogramm aufnehmen, also aktualisieren will. Als Christ tue ich diesen wichtigen Schritt der Tagesplanung betend – mit der Bitte, daß Gott mir zeigt, was aus der langen Liste der nicht terminierten Vorhaben, die vor mir liegt, im Sinne seiner Führung für mich heute an der Reihe ist.

Da ich für diesen Teil der morgendlichen Besinnung meinen PC verwende, ist der Vorgang für mich besonders einfach. Vor Jahren habe ich mir eine primitive kalendarische Jahresdatei eingerichtet, mit einer einzigen Zeile pro Tag, die entsprechende Verschiebung der Wochentage und Berücksichtigung des eventuellen Schaltjahres neu anpassen läßt. Dies habe ich immer dann für ein weiteres Kalenderjahr getan, sobald der erste Termin vorzumerken war, etwa ein Treffen 1998 oder eine Feier 1999. Nach und nach wird diese kalendarische Datei durch weitere Eintragungen von Terminen und Vorhaben zu einem äußerst praktischen Hilfsmittel beim Umgang mit der Zeit, da ich ja mühelos überall Zeilen einschieben, vertauschen, verschieben, abändern oder auch löschen kann, viel leichter als dies mit Papier und Bleistift oder Kugelschreiber möglich wäre.

So finde ich für das laufende Jahr, z. B. 1996, unter dem heutigen Tag, wenn es etwa Samstag, der 28. September ist, vielleicht als einzigen Termin vor: »19.00 Besuch von XY; Gespräch über persönliche Fragen«. Jedoch ist auch die Liste aller noch nicht terminierten Vorhaben so in den Kalender einbezogen, daß sie in voller Länge unter dem jeweiligen Heute-Tag steht. Ich finde sie also unter dem gestrigen 27.9. vor, natürlich getrennt von den Terminen desselben Tages, und übertrage sie als Ganzes auf den heutigen 28.9. – mit Ausnahme der Vorhaben, die ich gestern beendet habe; sie bleiben unter dem 27. September stehen. Auf diese Weise werde ich mindestens einmal am Tag in übersichtlicher Form an sämtliche unerledigten Dinge erinnert, die ich mir konkret vorgenommen und seither weder durchgeführt noch gestrichen habe, darunter auch solche, die leider schon seit längerer Zeit auf dieser Liste stehen. Natürlich ändert sie sich ständig, da laufend Vorhaben a) abgeschlossen oder b) bei der Durchforstung der Planung gestrichen werden bzw. c) neue hinzukommen.

Angenommen, ich nehme mir aus dieser Liste für heute vor:

1. Finanzen für Oktober regeln (Überweisungen, Monatsbilanz, Ablage der Kontoauszüge usw.),

2. Korrespondenz,

3. Durchsicht der Zeitungen und Zeitschriften,

4. Vorbereitung auf eine Konferenz vom 12./13. Oktober in Nordrhein-Westfalen (schriftliche Anmeldung, Einarbeitung in die Tagesordnung, Reiseplanung usw.),

5. Vorbereitung eines Vortrags für den 19. Oktober in einer Schwarzwald-Gemeinde,

6. einen Abschnitt beim Selbststudium einer Fremdsprache, die mir besonderen Spaß macht.

Diese Vorhaben rücke ich in der Gesamtliste, wo sie ja verstreut stehen, an die ersten 6 Plätze, und ich versehe am linken Zeilenrand die ersten vier mit xx, die letzten beiden mit x. Dabei bedeutet xx, daß ich sie heute weiterführen, mich also mit ihr beschäftigen will. Speziell bei 2. bedeutet das Zeichen xx also, daß ich heute alle anstehenden persönlichen Korrespondenz-Vorgänge erledigen will – Briefe, Fax-Mitteilungen, Telefonate, Büchersendungen. Wenn ich dies etwa einmal pro Woche tue, während ich vielleicht an zwei oder drei weiteren Tagen der Woche das Vorhaben Korrespondenz nur mit dem Zeichen x einplane, dann wird der Stapel unerledigter Dinge auf meinem Schreibtisch nicht allzu groß.

Die erwähnte Unterscheidung zwischen abzuschließenden (xx) und weiterzuführenden (x) Vorhaben ist eine sinnvolle Entlehnung aus der russischen Grammatik: Für jedes Verb gibt es dort zwei verschiedene Infinitive mit entsprechenden Konjugationen. Die eine – vollendete – Form bedeutet, daß die Handlung zu einem erfolgreichen Abschluß kommt (ssewodnja ja pratschitaju ätu knigu: Ich lese dieses Buch heute durch), während die andere – unvollendete – (ssewodnja ja tschitaju ätu knigu: Ich lese heute in diesem Buch) nur besagt, daß eine Handlung überhaupt stattfindet. Bei umfangreicheren Vorhaben ist es enorm wichtig, sie in mehrere, zunächst noch »unvollendete« Schritte zu zerlegen, um das Ganze dann ohne Frustration eines Tages zum Abschluß bringen zu können. Umgekehrt ist es wesentlich, daß wir unsere Vorhaben, wenn einmal begonnen und als wichtig erkannt, auch erfolgreich abschließen, sei es mit Rücksicht auf andere Menschen, sei es wegen bereits eingetretener VULBA. Hier hilft das Motto: »Se io cominscio una cosa, la finisco anche«: Wenn ich eine Sache beginne, dann bringe ich sie auch zu Ende (A. Carli, Italienisch für Sie, Band 2, Max-Hueber-Verlag). Übrigens: Jeder Abschluß eines einigermaßen wichtigen Vorhabens stellt für uns ein Erfolgserlebnis dar und wirkt als EUROPA-Verstärkung.

Zur Rückkoppelung zwischen Ist und Soll bei der Zeitplanung gehört vor allem eine regelmäßige, am besten tägliche selbstkritische Besinnung über die Planung von gestern und das, was im Lauf des Tages aus ihr geworden ist. Bewährt haben sich dabei eine Reihe von selbstkritischen Fragen, die man sich jeden Morgen stellen kann und die sich vielleicht unter der Bezeichnung KLEPF-Test zusammenfassen lassen:

K = Konzentration: Wie gut war ich gestern konzentriert auf das Wesentliche? Inwieweit hat mein Leben seinen Sinn erfüllt? Wie zielbewußt habe ich gelebt?

L = Lebensführung: Wie war gestern mein Verhalten in geistlicher und moralisch-ethischer Beziehung?

E = Essen und Trinken: Wie diszipliniert war ich gestern?

P = Plandisziplin: Wieviel von dem, was geplant war, habe ich gestern erledigt?

F = Flüssige Dynamik: Wie zeitintensiv habe ich gestern gelebt?

Dabei ergeben die Fragen K und L für den Glaubenden manchen Stoff zur betenden Selbstprüfung vor Gott und zur täglichen Feinabstimmung des Lebenskurses mit der Leitzentrale, gewiß mitunter auch Grund zu Schulderkenntnis und Buße.

Aber genau das Gleiche gilt auch für die übrigen Fragen, da ja nach biblischer Aussage alles Sünde ist, was nicht aus der Haltung des Glaubens geschieht (Röm 14,23). So besteht bei der Frage E besteht vielleicht für jemanden, der an Übergewicht leidet, ein Anlaß, täglich sein Gewicht (*z. B. 106,3 kg*) einzutragen, mit dem gestrigen zu vergleichen und daraus im Sinne eines terminierten Vorhabens Konsequenzen für das heutige Eßverhalten zu ziehen. Ein anderer mag einen ähnlichen Grund haben, hier seinen gestrigen Konsum von Kaffee oder Alkohol zu notieren. (*Von Nikotin oder noch stärkeren Giften möchte ich hier nicht reden, da ich annehme, daß dies bei keinem meiner Leser ein Problem sein wird. Sonst wäre ihm natürlich zu raten, etwa die Anzahl der gestern gerauchten Zigaretten einzutragen, so lange sie noch über Null liegen sollte. Die so entstehende Zahlenfolge sollte er aufmerksam beobachten und zur nächsten, hoffentlich bereits geplanten Krebs-Vorsorge-Untersuchung mitnehmen.)*

Die Frage P zielt unmittelbar darauf, wieviel von den für gestern terminierten Vorhaben ich verwirklicht habe. Bei dem oben aufgeführten Beispiel etwa waren unter die sechs terminierten Vorhaben mit insgesamt zehn x-Zeichen markiert. Nehmen wir einmal an, ich habe alle diese Vorhaben angemessen bewältigt, außer daß ich bei der Korrespondenz, die ich ja zu Ende führen wollte, zwei Briefe nicht beantwortet habe, so daß dieses Vorhaben im Sinn der russischen Grammatik unvollendet blieb. Dann habe ich somit 9 der 10 vorgesehenen x-Zeichen, also gewissermaßen 90 Prozent des Geplanten erledigt. Gerade diese Selbstkritik ist dafür wesentlich, daß ich es lerne, beim Umgang mit meiner Zeit die Diskrepanz zwischen Ist und Soll zu verringern und genauer zu erkennen, was andere oder ich selbst zu Recht von mir erwarten und was vielleicht nicht in dieser Form auf mein Programm gehört. Solche Einsichten und Fortschritte führen zu verbessertem Umgang mit der Zeit und damit zu mehr EUROPA.

Die Frage F bezieht sich darauf, ob und in welchem Maße ich gestern meine Zeit vertan bzw. im Sinne Gottes »ausgekauft« (Eph. 5,16) habe, was ja nicht ausschließt, daß dieser Tag vielleicht ganz oder teilweise der (entsprechend vorgesehenen, nicht durch schuldhafte Versäumnisse meinerseits erschlichenen) Ruhe und Erholung gewidmet war. Dabei ist »flüssige Dynamik« nicht vom Lebensalter oder von der sportlichen Form abhängig: auch ein älter gewordener oder behinderter Mensch kann diejenige Dynamik praktizieren, die für den erfüllten Umgang mit seiner Zeit angemessen ist.

Manchmal bin ich verwundert, daß Leute, die durchaus ein geistliches Leben führen wollen und fest im Glauben verwurzelt sind, die erwähnte körperliche Seite dabei völlig außer Betracht lassen. Ein Leben unter der Herrschaft Gottes kann jedoch immer nur ein ganzheitliches sein, da alle Seiten unserer Person darin eingeschlossen sind. Auch Zeit-Disziplin hat nur einen Sinn, wenn sie in das Ganze eines disziplinierten, geordneten Lebens und unseres Verhältnisses zu Gott eingebettet ist; andernfalls würde sie zu einem wenig sinnvollen Dressurakt entarten. Daher gehören beim KLEPF-Test tatsächlich alle fünf Fragen zusammen für unser lebenslanges Weiterlernen in der Schule Gottes, auch wenn unter uns der eine seine Schwächen bei diesem, der andere bei jenem der fünf Buchstaben haben mag.

Wenn ich zu einer mehr angelsächsisch geprägten Kultur gehören würde, die noch stärker als wir in Mitteleuropa dazu neigt, geistliche Vorgänge in Zahlen auszudrücken, dann würde ich hier ein Bewertungssystem vorschlagen, das jede der fünf KLEPF-Fragen mit 20 erreichbaren Punkten versieht, so daß wir jeden Morgen durch Addition seiner fünf Punktezahlen testen könnten, wieviel (von den 100 erreichbaren) Prozent gestern bei uns die KLEPF-Festigkeit betragen hat.

»Kannst du mir sagen, wieviel Minuspunkte ich dann bei L für eine Notlüge am Telefon bekomme, oder wieviel bei E, wenn ich an einem Tag 400 Gramm zugenommen habe, und wieviel bei P, wenn ich wieder den Zahnarzt und seine Helferin 20 Minuten auf mich warten lasse?«, wollte Dummke wissen. Aber Schlauke meinte, daß die Ein-

sicht in solche Fehler viel besser ist als jedes Punktsystem, weil Gott ja unsere Gaben nicht nach Punkten bewertet, wenn er uns für seine Zwecke verwendet, ebenso wenig wie er etwa auf seiner Richter-Skala unsere Schuld nach Kilogramm wiegen würde, wenn wir ihn um Vergebung bitten, und das gilt ja nicht nur für Leute aus unserem Kulturkreis.

Doch zurück zu dem angenommenen 28. September 1996. Ein solcher Tag wie der hier (nicht rein fiktiv) angenommene verläuft dann erfahrungsgemäß locker und fröhlich. Da ich für die einzelnen Vorhaben, die ich für heute terminiere, bewußt keine festen Uhrzeiten plane, bin ich flexibel bei ihrer Handhabung, wenn auch natürlich mit Augenmaß für den Zeitbedarf im einzelnen. Sie lassen sich mühelos unterbrechen, etwa wenn sich beim Mittagessen im Gespräch mit meiner Frau ein besonders interessantes Thema ergibt, dem wir gern ein begeisterte Stunde widmen, oder wenn per Fax der nächste Zug meines Fern-Schach-Partners eintrifft, so daß mir die Suche nach einem Antwort-Zug eine angenehme Abwechslung während einer unangenehmen Briefangelegenheit bereitet. (*Hier erlaube ich mir sogar in bescheidenem Maß eine BELBA.*) Morgen werde ich noch vor Frühstück und Gottesdienst bei der Zeit-Andacht selbstkritisch unter Frage P darüber reflektieren, wieviel von dem für heute Geplanten zustandegekommen ist. Ich werde den Gesamtplan mit Gottes Hilfe um einen Tag fortschreiben, und zwar mit einem erholsamen Sonntagsprogramm.

Natürlich ist es auch denkbar, daß ich in Kenntnis der Termine von 12./13. und vom 19. Oktober die Vorhaben 4. und 5. schon vor einiger Zeit für den heutigen 28. September vorgesehen und entsprechend unter dem heutigen Datum eingetragen habe. Diese Art von Planung hat den Vorteil, die Liste der nichtterminierten Vorhaben verkürzt und Zeitdruck unmittelbar vor den beiden genannten auswärtigen Terminen vermeiden hilft.

In einem Leitungsgremium, das überwiegend aus Pastoren bestand, ist mir vor Jahren aufgefallen, daß bei den Sitzungen an Samstagen gegen 14 Uhr immer eine stärkere Nervosität ausbrach: Die Herren wollten schnell abreisen, um ihre Sonntagspredigt zu Ende vorbereiten zu können. Ob hier nicht eine sinnvolle Planung in dem soeben erläuterten Sinn dazu führen könnte, daß die Predigtvorbereitung beispielsweise am Donnerstag abgeschlossen wird, zumindest wenn der Pastor am Freitag und Samstag an einer Sitzung teilnimmt? Dafür ließe sich vielleicht ein anderes, nicht an den Gottesdienst-Termin gebundenes Vorhaben auf den Samstagnachmittag verlegen, so daß insgesamt bestimmt kein Zeitverlust eintreten würde.

Auch an Tagen mit festen Terminen (09.50 ICE nach Braunschweig) lassen sich auf ähnliche Art ein paar nichtterminierte Vorhaben flexibel erledigen (Lektüre eines interessanten Buches während der Fahrt; Durchsicht einiger Drucksachen, die nicht von vorneherein papierkorbreif schienen usw.), und überhaupt kann es für den psychischen Stoffwechsel und das emotionale Gleichgewicht recht gut sein, zwischen ernsten, termingebundenen Pflichten immer wieder ein paar nette, heitere Dinge einzuschieben.

Wenn unsere Zeitplanung in dieser beweglichen Weise jeden Tag fortgeschrieben wird, dann ist für sie außer dem Tages- und dem Jahresrhythmus, der sich aus vielerlei praktischen Gründen ergibt, eigentlich keine zusätzliche komplizierte Hierarchie von Planungsvorgängen nach Wochen, Monaten, Quartalen usw. erforderlich. Vielmehr sollte jeder Interessierte hier seinen eigenen Stil und seine eigene, möglichst einfache Software selbst entwickeln, ohne sich von anderen ein Schema vorschreiben zu lassen.

Wichtig ist dabei allerdings, daß dem Planen und Handeln an jedem einzelnen Tag klare längerfristige Ziele zugrundeliegen. Erst dann, wenn jemand sich darüber ganz klar geworden ist, welche weitergehenden Ziele er anstrebt, dann kann er diese Ziele »operationalisieren«, d.h. flexibel in konkrete, erreichbare einzelne Vorhaben umsetzen. Dabei kommt es darauf an, diese einzelnen Schritte, ausgehend von dem vorgesehenen Endtermin, nach dem Countdown-Prinzip rückwärts planend, entsprechend zu terminieren.

Unsere Suche nach der Zeit hängt im Grunde immer mit der Suche nach den richtigen Zielen zusammen: nach einem familiären Ziel, Bildungsziel, Berufsziel, einem künstlerischen, sportlichen oder politischen Ziel, das wir uns persönlich setzen, vor allem nach dem Lebensziel.

Über diese Ziele sollte man auf jeden Fall immer wieder bewußt nachdenken, und zwar so lange und so konsequent, bis man sie klar formulieren kann. Wer nämlich hohe, klare Ziele vor Augen hat, bei dem wird die Zeit eine entsprechende zielgerichtete Dynamik und Erfüllung finden. Er wird seine großen, mittleren und kleinen Vorhaben im Einklang mit diesen Zielen planen und dementsprechend jeden einzelnen Tag gestalten. So wird die Suche nach der Zeit zu einer harmonischen, dynamischen Ruhe führen, während der ziellos lebende Mensch in dem Labyrinth von Hektik und Langeweile, von Illusion und Resignation an seiner eigentlichen sinngebenden Bestimmung vorbeilebt.

Manchmal wird eingewandt, daß andere Kulturen viel mehr Muße kennen würden als unsere westliche, etwa die in Indien oder in bestimmten Ländern Afrikas, wo manche noch ohne Uhr auskommen und ihr Zeitgefühl nur an der Sonne orientieren. Ich gestehe, daß ich beim Besuch solcher Länder mitunter in diesem Punkt eine romantische Faszination empfunden habe. Und doch ist natürlich festzuhalten, daß solche Muße in einer Gesellschaft untrennbar mit ihrem Lebensstil auf geistigem, wissenschaftlichem und technischem Gebiet verbunden ist. Eine Kultur kann eben nicht gleichzeitig einerseits die kontemplative Gemächlichkeit von Süd-Indien praktizieren und andererseits moderne medizinische Behandlungsmethoden, Flugzeuge, U-Bahnen oder Computer entwickeln und ein gutes soziales Netz für Arbeitslose, Alte und Kranke finanzieren. Es gilt einzusehen, daß für uns kein Weg zurück in das uhrenlose Paradies führt, und auch diejenigen, die davon träumen, wären eigentlich kaum bereit, in jeder Hinsicht zum Lebensstil von Adam und Eva oder gar von den Armen in afrikanischen Entwicklungsländern zurückzukehren – zumindest dann nicht, wenn sie Zahnschmerzen haben. Selbst naturverbundene Aussteiger pflegen industriell produzierte Zahnpasta und Seife sowie ein paar weitere Erzeugnisse der von ihnen so leidenschaftlich abgelehnten Wirtschaftsordnung beizubehalten, was ihnen auch sehr zu wünschen ist.

Statt dessen sollten wir unsere eigene Kultur und unsere technische Zivilisation, deren Nutznießer wir jeden Tag sind, in ihrem Kern dankbar bejahen. Sie konnte sich nur entwickeln, weil hier im Lauf der Jahrhunderte viele lernten, mit äußerster Konzentration zeitsparende, ihrem Mitmenschen nützliche, hohe Leistungen zu erbringen. Daher haben wir allen Anlaß, das Zeitgesetz unserer eigenen Zivilisation positiv zu würdigen, deren ICE-Züge wir benutzen, und doch souverän mit der persönlichen Zeit umzugehen, so daß uns dieses Zeitgesetz nicht erdrückt. Nur so können wir wieder neu den Freiraum für die geistliche, geistige und besinnliche Seite der Zeit finden und sie uns erhalten. Denn diese Seite der Zeit war in den letzten zweitausend Jahren gerade auch bei uns in Mitteleuropa mindestens so wichtig für die erfolgreiche Entwicklung der Zivilisation mit ihren Wissenschaften, Kunstwerken, medizinischen Apparaten und Flugzeugen wie die der emsigen, gut organisierten, zeitsparenden Arbeitsleistung. Wir sollten endlich damit aufhören, beide Seiten als Gegensätze anzusehen, wo es doch auf der Hand liegt, daß jeder von uns persönlich und daß unsere Gesellschaft als Ganzes für das neue Jahrtausend dringend eine Synthese von beidem braucht: eine Rückkehr zu ihren höchsten immateriellen Werten, die aus der Begegnung mit Gott kommen – ebenso wie eine Erhaltung oder Wiedergewinnung ihrer produktiven, lebensfördernden Leistungsfähigkeit.

Manche scheuen sich vor einem bewußten Umgang mit ihrer Zeit mit der Begründung, daß Zeitplanung ihrerseits zu zeitraubend und beschwerlich sei. Es mag sein, daß etwa die Gewöhnung an eine präzise Termin-Buchhaltung für jemanden, dem sie ganz neu ist (und der sie vielleicht besonders dringend braucht!) am Anfang auch einen Aufwand an Zeit und Willenkraft erfordert. Ist sie aber erst einmal eingespielt – und das wird sehr bald der Fall sein –, so spart gute Tagesplanung nach allen Erfahrungen gewiß das Zehnfache ihres eigenen Zeitverbrauchs, so daß durch 10 Minuten tägliche Planung mindestens 100 Minuten Zeit gewonnen werden.

Was wir für ein ganzes Jahr effizient und zielbewußt planen, dürfte noch mindestens um eine Zehnerpotenz nutzbringender sein: eine Stunde guter langfristiger Planung wird im Lauf eines Jahres hundert und mehr Stunden wertvoller Zeit einbringen.

Auf das Lebensganze bezogen, ist der Wert der bewußten Planung und Prioritätensetzung quantitativ gar nicht mehr zu beziffern. Sie kann uns vor falschen Entscheidungen bewahren, die uns womöglich den Verlust von Jahrzehnten ersparen, womit nicht nur solche gemeint sind, die jemand im Gefängnis absitzt. Aber wenn wir unsere Lebensziele von Gott neu ordnen lassen und unsere Zeit immer wieder neu in den Dienst des höchsten Zieles stellen, dann reicht der Gewinn an erfüllter Zeit sogar über den Tod hinaus, so daß er unendlich groß ist im Vergleich zu der kurzen Zeit, die wir für ihn jetzt aufwenden mögen.

3. DIE PRAXIS DES UMGANGS MIT DER ZEIT

3.1 Begegnung mit Gott

In den ersten beiden Kapiteln haben wir die Zeit unter den verschiedensten Gesichtspunkten betrachtet und darüber nachgedacht, wie wir sinnvoll mit ihr umgehen können. Dabei hat sich gezeigt, daß unsere einzelnen Zeit-Entscheidungen in den kleinen, mittleren und großen Bereichen davon abhängen, welche Ziele wir uns gesetzt haben. Die Wahl dieser Ziele aber ist letztlich davon bestimmt, welchen Sinn unser Leben als Ganzes hat. Im folgenden ist nun von solchen Menschen die Rede, bei denen diese Sinnfrage ihre Antwort in der Begegnung mit Jesus Christus gefunden hat. Sie sind in der großartigen Lage, daß ihnen die Dimension geöffnet worden ist, in der der lebendige Gott sie zur Dialog-Partnerschaft und einem Leben unter seiner liebevollen Führung beruft. Denn Christsein bedeutet, daß Gott in unserem Leben in jeder Hinsicht die höchste Priorität hat.

Für den Glaubenden hat dies im Alltag eine ungemein praktische Bedeutung. Sinn und Programme jedes einzelnen Tages wie die Prioritätensetzung für längere Zeiträume werden dann davon erfüllt, daß er sich berufen weiß, mit seiner ganzen Person vorbehaltlos dem lebendigen Gott zu dienen (1. Thess 1,9).

Ohne diese geistliche Dimension behalten die Bemühungen um verbesserten Umgang mit der Zeit immer irgendwie etwas Technisch-Kommerzielles an sich. So schreibt Norbert Copray in der Zeitschrift Psychologie heute (Sept. 1995) unter dem Thema »Psychologische Weiterbildung der Führungskräfte« den bemerkenswerten Satz: »Wer an Zeitmanagement-Seminaren teilgenommen hat, wird häufig merken, daß die Referenten die psychologischen Informationen über Biorhythmus, Gedächtnis, Zeitstrukturierung unverknüpft neben die Anweisung stellen, wie mit ihrem einzigartigen Zeitplanbuch umzugehen sei.«

Selbst bei guten christlichen Bemühungen auf diesem Gebiet bleibt immer die Frage, ob und inwieweit die Aussagen über das Leben mit Jesus Christus und die Hinweise zur besseren Zeiteinteilung nur verbal nebeneinander gestellt sind und inwieweit der Alltags-Bereich wirklich von dem geistlichen her geprägt ist.

Gewiß besteht hier bei jedem von uns noch eine Diskrepanz zwischen Ist- und Soll-Zustand, da wir auch als Glaubende keine Idealmenschen sind. Doch sollte dies nie ein Anlaß dafür sein, uns mit dem Ist-Zustand so abzufinden, als ob er in jedem Punkt unabänderlich wäre. Im Gegenteil: Gerade in der Wechselwirkung zwischen Soll und Ist, zwischen dem, was Gott aus uns machen will und dem, was wir im Augenblick sind, vollzieht sich jener dynamische Prozeß, den das Neue Testament Heiligung nennt. Paulus schreibt davon, daß dieser Prozeß bei ihm noch nicht zum Abschluß gekommen ist, er aber dem Ziel »nachjagt« (Phil 3,12), d.h. daß er vermehrt die vergebende und erneuernde Kraft Gottes dabei in Anspruch nimmt.

Eines der Felder, auf denen sich für den Glaubenden Heiligung vollzieht, ist sein Umgang mit der von Gott geschenkten Zeit. Gerade auch auf diesem Gebiet wird uns besonders bewußt, wie das verändernde Wirken Gottes unsere Bereitschaft voraussetzt. Nicht Schwachheit ist dabei das größte Hindernis, da Gottes Kraft sehr wohl in schwachen Menschen besonders stark wirken kann, sondern eher Resignation, fehlende Bereitschaft zum Gehorchen oder einfach mangelnde Einsicht in die Zusammenhänge zwischen Glauben und Handeln.

Leider haben viele Christen auch nur einen recht oberflächlichen Glauben. Sie verhalten sich so, als ob ihr Christsein nur eine kleine Zugabe zum sonstigen Leben wäre, die aber die Zeiteinteilung und die meisten Lebensgewohnheiten fast unverändert läßt. Ihnen ist vielleicht nie recht klar geworden, was es bedeutet, daß im Sinn von Gal 2,20 das Leben mit Christus etwas total anderes ist als das frühere eigene Leben eines Menschen einschließlich seiner Art, mit der Zeit umzugehen.

Hieraus ergibt sich die Rangordnung der Prioritäten für den Glaubenden: Da Gott die zentrale Wirklichkeit unseres Lebens geworden ist, von der alles Übrige abhängt, steht die Begegnung mit ihm der Bedeutung nach an erster Stelle. Ein Christ braucht täglich Zeit, um in der Stille den betenden Dialog mit Gott zu führen und in der Haltung persönlicher Erwartung in der Bibel zu lesen. Dabei wäre es vielleicht für manche nicht hilfreich, wenn man feste Regeln für den Zeitanteil innerhalb des Tages aufstellen würde, den diese Begegnung mit Gott benötigt. Schließlich ist dies individuell verschieden, und es kommt ja auch beim Essen und Trinken nicht darauf an, wie lange pro Tag unsere Mahlzeiten dauern, sondern ob wir uns gesund, ausreichend und ohne Hektik ernähren.

Bei der Begegnung mit Gott ist nicht die zeitliche Länge, sondern die geistliche Tiefe entscheidend; nicht die Form, sondern der Inhalt. Doch ist bei aller Freiheit in dieser Beziehung dennoch Ausdauer und gewissermaßen Einübung, beim Lesen der Bibel auch Systematik nötig. Wer sich dafür die Zeit nimmt – am besten früh am Morgen, wenn die Umstände dies zulassen–, bei dem wird diese Begegnung mit Gott in den ganzen Tagesablauf hinein ausstrahlen. Wichtige bevorstehende Dinge aus dem Tagesplan können wir so mit Gott bei dieser Gelegenheit besprechen und uns seine Kraft und die richtige Einstellung zu ihnen schenken lassen. Dazu gehören gewiß auch Probleme, die uns Sorgen machen oder schwierige Situationen, denen wir uns nicht gewachsen fühlen.

In diesem Zusammenhang müssen wir verstehen, daß es zwei Arten von Stille gibt. Die eine bedeutet Abwesenheit von lauten Geräuschen, von bewußtem, vorprogrammiertem Handeln oder von Vorgängen, die unsere Aufmerksamkeit auf sich ziehen. Wir schätzen diese Art von Stille beispielsweise dann, wenn wir schlafen wollen. Sie stellt sich aber bei manchen auch dann ein, wenn sie nichts zu tun haben, sondern einfach vor sich hindösen, vielleicht stundenlang, tagelang, jahrelang. Stille kann also mitunter gähnende Leere bedeuten, die als quälend empfunden wird. Die Zeit eines Menschen scheint stillzustehen, vielleicht schon in jungen Jahren, so als ob er keine Zukunft mehr zu erwarten hätte. Er langweilt sich in dieser Lebenslage zu Tode – im wörtlichen wie im übertragenen Sinn.

Es gibt aber auch eine ganz andere Art von Stille. Sie ist schöpferisch, dynamisch erfüllt. Die Seele atmet in hellwachem Zustand den Hauch Gottes ein. Ein leises Rauschen der Bäume im sanften Wind, das Plätschern eines Flusses oder Sees, gedämpfte Klänge klassisch-sakraler Musik – all dies kann dann, je nach Situation, das Erlebnis der Stille fördern und vertiefen.

Nicht, als ob wir Gott verwechseln dürfen mit den Blättern eines herrlich und geheimnisvoll rauschenden Baumes, mit der endlosen, faszinierenden Melodie eines Gebirgsbachs und mit der zauberhaft-majestätischen Schönheit des Firmaments in einer sternklaren Sommernacht. Vielmehr redet der Geist Gottes zu einem lauschenden Menschen aus der Stille heraus von Person zu Person. Die Worte Gottes sind dann Kommunikation seiner Liebe und Nähe, oft auch konkrete Mitteilung. Sie enthalten nicht zuletzt auch Aufträge und Hinweise, manchmal Warnungen, manchmal Ermutigungen im Hinblick auf das, was Gott mit uns Menschen vorhat: unmittelbar kurzfristige wie auch mittel- oder langfristige Aufträge – sogar solche, die über den irdischen Zeithorizont hinausgehen. Für den, der sich Gott öffnet, kann die erwähnte Stille zu einer täglichen Wiederbegegnung mit seiner Welt werden, aus der heraus dann Sinngebung und Handlungsmotivation in unsere kleine Alltagswelt, in jede ihrer Minuten, Stunden, in ihre Tage und Jahre strömt. Diese Stille braucht daher im Leben des Glaubenden eine noch höhere Priorität als das Tanken für den Autofahrer oder der Funkkontakt mit der Leitstelle für den Flugzeugpiloten.

Ich habe diese Stille in verschiedenen Lebenssituationen erlebt, in unterschiedlichen Abstufungen. Bestimmte Erinnerungen an dynamisch erfüllte, harmonische, konzentrierte Stille gehören mit zu den wichtigsten meines Lebens. Denn auf den höheren Stufen dieser Stille war oft die Stimme Gottes zu hören, vermittelt durch seinen Geist. Man braucht dafür kein Mystiker zu sein oder ein Mensch, der zu besonders emotionaler Schwärmerei neigt. Vielmehr spricht Gott, so zeigt es die Erfahrung, auch in unserem Jahrhundert zu Menschen wie uns, die nüchtern veranlagt, vielleicht durch ihren Werdegang stark vom rationalen, vom wissenschaftlich-technischen, vom wirtschaftlich-kaufmännischen oder vom handwerklich-praktischen Denken geprägt sind. Vielmehr hat jeder Mensch jenes unsichtbare Organ, das ihn zur Begegnung, zum Kontakt mit Gott befähigt und dadurch – im Grunde genommen – erst zum Menschen macht.

Für den Glaubenden besteht die beste Grundlage bei seiner Zeitplanung aus den Erfahrungen, die er so in der Stille mit Gott macht. Was können wir in dieser Hinsicht Besseres tun, als unsere Planungsentscheidungen betend mit Gott zu besprechen – in der Absicht, seinen Willen zu erfahren und gehorsam zu befolgen? Als uns bewußt dem Einfluß Gottes und seines Geistes so auszusetzen, daß er wirklich zu uns reden kann über die Themen, die er dabei für wichtig hält? Und dies im Zusammenhang mit intensiver Auseinandersetzung mit Texten aus der Bibel, die dann oft überraschend aktuell und praktisch in unsere derzeitige Situation hineinsprechen.

Aus der Stille mit Gott heraus kommen sowohl Ruhe und Frieden als auch konzentrierte Aktivität in unseren Tagesablauf – ganz im Gegensatz zu Hektik und Hetze. Denn so hart diese Bemerkung klingen mag: Hetze ist bei uns vielleicht nur ein anderes Wort für fehlende Disziplin und fehlenden Mut, Prioritäten zu setzen. Christen aber sollten zu denen gehören, die liebevolle Gelassenheit inmitten von Hektik und Panik anderer verbreiten. Sie sollten sich unterscheiden von solchen Menschen, die immer in Eile sind und so Ungemütlichkeit verbreiten: Man geht ihnen aus dem Weg wie einem vorbeigaloppierenden Pferd, mit dem man ja auch nicht in Berührung kommen möchte.

Mag sein, daß der echte Dialog mit Gott in der Stille bei manchen von uns verkümmert oder beeinträchtigt ist. Vielleicht haben wir uns angewöhnt, immer nur auf die Stimmen und Geräusche zu hören, die uns sozusagen horizontal erreichen: diesseitige Probleme, Ziele, Sachzwänge und auch gemachte, oft nicht verarbeitete Erfahrungen.

Vielleicht haben wir die Verbindung mit Gott auf einen engen, rein religiösen Bereich eingeschränkt und aus dem eigentlichen täglichen Leben und dem normalen Bewußtsein verdrängt. Vielleicht haben wir uns dem Einfluß des vorgegebenen Wortes Gottes (und dem persönlichen geistlichen Kontakt mit Menschen, die bewußt Christus nachfolgen) entzogen, so daß nach und nach eine selbstgestrickte Privatreligion bei uns entstanden ist. Es kann sogar sein, daß wir die Stimme Gottes, wenn er in bestimmten Situationen zu uns reden wollte und sich dabei unseres Gewissens bedient hat, absichtlich überhört haben, weil wir ohne ihn leben wollten in vermeintlicher

Freiheit. Aber je sensibler und selbstkritischer wir sind, desto mehr werden wir diesen Zustand als unbefriedigend und schuldhaft empfinden; denn er führt dazu, daß in unserem Leben – dem, was wir aus unseren Jahren machen –, die von Gott gewollte Sinngebung nicht oder nur sehr bruchstückhaft zum Tragen kommt. Ein erster Schritt zur Heilung könnte darin bestehen, uns zur Begegnung mit dem persönlichen Gott – nicht einem Gott unserer Gefühle, sondern dem, der uns in Jesus Christus konkret und hautnah begegnet –, bewußt viel Zeit zu nehmen.

Es gibt noch eine Reihe von weiteren Ebenen, auf denen die Begegnung mit Gott geschieht. Neben der persönlichen Stille und dem einsamen Gebet pflegten die Christen des Neuen Testaments das gemeinsame Gebet und die Gemeinschaft untereinander. Sie lasen die Bibel regelmäßig gemeinsam, wobei sie ihre Erfahrungen und Fragen austauschen konnten. Sie bildeten Gemeinden, in deren Gottesdiensten das Wort Gottes gepredigt wurde und ein intensives Zusammenleben der einzelnen Christen wie in einer großen Familie stattfand. All dies sind auch für uns heute nach den Aussagen des Neuen Testaments geistliche Lebensnotwendigkeiten, ohne die auf Dauer kein gesunder Glaube möglich ist. Gott will uns auf allen diesen Ebenen begegnen; denn oft redet er zu uns nicht unmittelbar in einsamer Stille, sondern auf dem Weg über Menschen.

»Jetzt fällt mir ein«, sagte Dummke, »daß Gott einmal sogar durch einen Esel zu Bileam geredet hat, wie in der Bibel steht. Ob das schon der letzte Esel war, durch den Gott gesprochen hat?« Aber Schlauke meinte, Bileam hätte damals besser hinhören sollen, weil es ja nicht auf den Esel, sondern auf Gott ankam: »Wenn Gott dir etwas sagen will, darfst du ihm keine Vorschriften darüber machen, durch wen er es dir mitteilen soll, ob er nun einen Esel schickt oder einfach deinen Kollegen verwendet.«

Im Lauf der Geschichte hat Gott in der Tat zu Menschen gesprochen, die sich ihm geöffnet haben, zu Abraham, Mose oder Paulus – wie auch in späteren Zeiten zu Augustinus oder Pascal. Und er kann heute zu Luise Müller oder Thomas Schulze sprechen, wenn sie im Glauben mit ihm in Verbindung stehen.

Christsein ist eben nichts für Eigenbrötler und extreme Individualisten, sondern für Menschen, die wissen, daß lebendiger Glaube sich nur so praktizieren läßt wie das Leben eines Organs innerhalb eines größeren Organismus, nämlich in ständiger Wechselwirkung mit den übrigen Organen (1. Kor 12). Aus all diesen Gründen erfordert die Begegnung mit Gott, daß wir ihr die höchste denkbare Zeit-Priorität einräumen. Sie ist ganz bestimmt im Konfliktfall wichtiger als eine Stunde Schlaf oder ein geruhsames Frühstück am Sonntagmorgen; denn diese Vorhaben lassen sich ja eher entbehren oder zeitlich verschieben als ein Gottesdienst. Doch ist dieses Prinzip viel grundsätzlicher. In Abwandlung eines geflügelten Wortes kann man sagen: Zeige mir, welche Priorität du der Begegnung mit Gott in deinem Terminkalender einräumst, und ich kann daran ablesen, wie es gegenwärtig mit deinem Glaubensleben steht.

Es gibt Kreise von Christen, die bei der morgendlichen Stille bewußt ein Blatt Papier und einen Kugelschreiber verwenden, um die Gedanken zu notieren, die ihnen bei der Konzentration auf die Führung Gottes eingegeben werden. Dies ist sicher eine hervorragenden Gepflogenheit, sofern sie nicht anderen als methodischer Zwang aufgenötigt wird. Denn so lernen wir, uns geistlich zu konzentrieren und von Gott konkrete Antworten auf konkrete Fragen zu erbitten. Warum sollten wir eigentlich nicht diese Erfahrung von Mitchristen nutzen und bei unserer Tagesplanung im Zusammenhang mit dem Lesen der Bibel und Gebet auch die Antworten Gottes schriftlich festhalten, soweit wir sie vernehmen können? Gott hat bestimmt nichts dagegen, wenn wir sie in die entsprechende Datei eintippen, besonders wenn es sich um selbstkritische Erkenntnisse, um Aufträge und Entscheidungen handelt, die bei dieser Gelegenheit eine sprachliche Form finden. Um so zielbewußter wird unser Handeln den ganzen Tag über sein. Dabei spielt es eigentlich keine Rolle, ob wir diesen Vorgang mit einer militärischen Lagebesprechung vergleichen, die dem Einsatz vorausgeht, oder mit dem Lebensrhythmus der mittelalterlichen christlichen Mystiker, die etwas von dem Wechsel zwischen actio und passio, zwischen Handeln und Stille wußten. Auf jeden Fall ist die Begegnung mit Gott das Geheimnis eines erfüllten Lebens, und bei der Praxis des Umgangs mit der Zeit ist sie für den Glaubenden der Schlüssel zu allem übrigen.

3.2 Begegnung mit Menschen

Nach der Begegnung mit Gott steht zweifellos die Begegnung mit Menschen für den Glaubenden an höchster Stelle, und dies sollte sich in der Setzung seiner Zeit-Prioritäten ausdrücken. Denn das Gebot, Gott zu lieben, wird von Jesus ausdrücklich durch das Gebot ergänzt: »... und deinen Nächsten wie dich selbst« (Mt 22,40).

Die Begegnung mit anderen Menschen nimmt die vielfältigsten Formen an. So wird uns in der Ehe jemand der Allernächste; denn hier bilden zwei Menschen miteinander die engste Gemeinschaft, die möglich ist. Aber wiewohl es nach biblischer Sicht »dem Menschen nicht gut ist, allein zu sein« (1. Mose 2,18), obwohl das Leben in der Ehe und Familie eine großartige Lebensfüllung sein kann, ist andererseits für manche gerade das Alleinsein wesentlich für ihre Berufung. Richtig genutzt, kann dieser Status ein riesiges Zeit-Kapital darstellen. Manche besonderen Leistungen von Männern und Frauen in der Geschichte hingen auch damit zusammen, daß sie allein lebten und sich auf eine große Lebensaufgabe konzentrierten. Auch Jesus war ja unverheiratet und lebte ganz seiner göttlichen Mission. Allerdings ist unfreiwilliges Alleinsein mitunter leidvoll und belastend. Manch einer verbringt dann den größten Teil seiner freien Zeit auf Partnersuche, und dies womöglich noch auf eine wenig sinnvolle, Zeit und Kräfte verschleißende Art.

Liebe geschieht auch gegenüber dem Allerfernsten in einem anderen Erdteil, dessen Nöte uns vielleicht aufgrund von Fernsehmeldungen zu einer Geldspende veranlassen. Dazwischen liegen die vielen anderen Ebenen, auf denen uns ein Mensch begegnen mag: als unser Lehrer oder Schüler, als Arzt oder Patient, als Anwalt oder Mandant, als Kollege, Mitarbeiter, Lieferant, Verkäuferin oder Kunde, als Unfallpartner auf der Autobahn oder Tischnachbar im Hotel, um nur einige Arten von Beziehungen aus der großen Palette zu nennen.

Für den Christen haben Begegnungen mit Menschen manchmal, aber nicht immer die Bedeutung eines persönlichen Auftrags. Das bedeutet, daß wir für sie Zeit haben sollen, so wie Jesus sich für die Menschen, an die sich sein Auftrag richtete, stets Zeit nahm, selbst wenn er müde war und seine Jünger eine Gruppe von Müttern mit Kindern fortschicken wollten, statt sie zu ihm zu lassen. Daher hatte jener führende Christ aus dem 20. Jahrhundert voll recht, wenn er sagte: Menschen sind wichtiger als Dinge.

Menschen verdienen zeitlichen Vorrang vor Dingen. Und doch handeln wir im Leben aus Zeit-Egoismus oder aus fehlender Sensibilität oft umgekehrt. Eine Gastgeberin ließ ihre Gäste vor der Abreise allein im Wohnzimmer warten, weil sie gewohnt war, unmittelbar nach dem Kaffee das Geschirr zu spülen. Ein Busfahrer fuhr »planmäßig« an der Haltestelle los, obwohl er sah, wie mehrere Leute, die von einem anderen Bus angelaufen kamen, einige Sekunden später seinen Bus erreicht hätten und einsteigen wollten. Ein Pfarrer schaute bei einem Hausbesuch, den er anhand der Anschriftenkartei pflichtgemäß unternahm, ständig auf die Armbanduhr, so daß die Gesprächsatmosphäre blockiert war. Und wer von uns kennt nicht Beispiele aus dem Alltag, wo Menschen mit dringenden, vielleicht nicht einmal zeitintensiven Anliegen abgewiesen wurden, weil einem anderen bestimmte Dinge, z. B. der eigene Feierabend, wichtiger waren als der Aufwand von einer Minute Zeit!

Natürlich kennen wir auch umgekehrt vorbildliche Beispiele von Menschen, die gerne ein paar Minuten oder Stunden ihrer Zeit einem anderen zuwenden, der ihre Hilfe braucht, auch wenn sie dadurch eine sachbezogene Tätigkeit oder ihre Freizeit unterbrechen bzw. verschieben müssen. Ich denke an einen Mann, der neben seinem umfangreichen Einsatz an leitender Stelle in einem vielseitigen Beruf mit häufigen Reisen in andere Länder nicht nur Zeit für Frau und Familie hat, sondern auch für die vielen Gäste, die in seinem Haus ein- und ausgehen oder auch wohnen; denn er nimmt sich Zeit für freundschaftliche Beziehungen mit Menschen aus aller Welt. Großartig ist, daß er obendrein auch noch Zeit findet, um mit seinem Hund zu spielen. So geht es Menschen, die sich reichlich von Gott mit Zeit beschenkt wissen und ein unverkrampftes Verhältnis zu ihr haben – ganz im Unterschied zu solchen, die ständig mit ihrer Zeit geizen und daher selbst bei geringer Belastung bereits stöhnen oder durchdrehen.

Dennoch fordert auch die Begegnung mit Menschen eine bestimmte Disziplin, so paradox dies für manche klingen mag. Ein junger Arzt in einer Universitäts-Klinik hatte den Wunsch, mit möglichst vielen Patienten seelsorgerlich zu sprechen. Dies erwies sich jedoch bei der Länge der Gespräche als so zeitintensiv für ihn, daß dadurch seine geplante Habilitation und weitere wissenschaftliche Karriere vereitelt wurde, die in dieser Phase ein Höchstmaß an konzentrierter Arbeit von ihm erfordert hätte. Dieser Vorgang war um so bedauerlicher für den zuständigen Chef, als dieser ebenfalls überzeugter Christ war und nicht das Geringste gegen ein gelegentliches geistliches Gespräch am Krankenbett hatte – innerhalb des von Gott für den jungen Wissenschaftler gesetzten Zeitrahmens.

Diese Beispiele mögen verdeutlichen, daß bei der Begegnung mit Menschen einige naheliegende und doch häufig übersehene Erkenntnisse zu beachten sind:

1. Durch die Begegnung mit bestimmten Menschen will Gott uns etwas von seiner Liebe schenken. Daher ist es etwas Großartiges, uns wirklich beschenken zu lassen und bewußt dafür in unseren Zeit-Prioritäten anderes zurückzustellen oder ganz zu streichen. Nicht nur in der Ehe und Familie, sondern auch in einer guten Freundschaft unter Menschen, die einander etwas zu sagen haben, beim Gedankenaustausch im kleinen Kreis und bei anderen Formen des gehaltvollen gesellschaftlichen Umgangs werden wir oftmals reichlich beschenkt. Niemand sollte dadurch vereinsamen und innerlich verarmen, daß er sich aus vermeintlicher Zeitknappheit oder aus mißverstandener Christlichkeit von solchen wertvollen Begegnungen mit Menschen zurückzieht.

2. Zwar gilt allen Menschen unsere Liebe; doch wäre es eine weltferne, abstrakte und auch ungeistliche Theorie, wollten wir daraus den Schluß ziehen, daß uns alle Menschen gleich nahestehen müßten. Auch Jesus hatte unter seinen zwölf Jüngern drei, die ihm näher standen als die übrigen neun, und unter diesen drei wiederum einen, mit dem er sich offenbar am besten verstand. Unterschiede ergeben sich auch dadurch, daß in der angedeuteten Palette von Beziehungen zwischen Menschen eigentlich keine zwei Formen austauschbar sind; jede einzelne aber erfordert ihre besondere Form von Liebe, jede hat sozusagen ihre eigene Zeit-Struktur. In

unserer Prioritätensetzung sollte sich dies deutlich ausdrücken: An erster Stelle sollte für jeden Verheirateten der Ehepartner stehen, danach die Familie, danach die anderen Beziehungen zu Menschen in angemessener Abstufung.

3. Da unsere Zeit beschränkt ist, können wir sie nicht planlos jedem Menschen zuwenden, der uns begegnet. Auf keinen Fall dürfen wir andere willkürlich über unsere Zeit verfügen lassen. Schließlich würde auch niemand vorschlagen, daß man in einer Gruppe von Bettlern seine geöffnete Geldbörse zur Selbstbedienung herumreichen sollte. Auch die Ethik des Neuen Testaments sieht dies nicht vor, zumal sie von unserer Verantwortung für das eigene Haus und für die Glaubensgenossen spricht.

4. Nicht jede Not eines Menschen, von der wir erfahren, kann für uns einen persönlichen Auftrag von Gott bedeuten. Sonst würden wir uns hoffnungslos in einem totalen Zeit-Chaos verzetteln, und wir würden womöglich bei den erkennbaren wichtigsten Aufträgen Gottes versagen.

5. Um so wichtiger ist es, ein geistliches Gespür dafür zu entwickeln, wo Gott uns Menschen begegnen läßt, denen gegenüber wir von ihm einen Auftrag haben. In diesem Fall gilt es, für einen Menschen wirklich da zu sein, so daß er sich in unserer Gegenwart verstanden fühlt und die Begegnung nicht durch unangemessene Eile von unserer Seite um ihren Tiefgang betrogen wird. Auch hier kann uns das Verhalten Jesu in seinen Begegnungen mit Menschen ein großartiges Vorbild sein.

6. Wo aus übergeordneten Gründen für eine Begegnung mit einem Menschen nur eine begrenzte Zeit verfügbar ist oder die Gefahr besteht, daß er unsere Zeit mißbrauchen könnte (siehe Punkt 2 oben), da ist es ratsam, gleich zu Beginn des Gesprächs zu sagen: »Ich habe jetzt 30 Minuten Zeit, bevor ich leider abbrechen muß, und ich möchte Ihnen daher in aller Ruhe 28 Minuten lang zuhören und zwei Minuten lang antworten.«

7. Ein Seelsorger sagte in einem Gespräch, dessen Thema sich in früheren Gesprächen mit dem gleichen Partner schon mehrfach wiederholt hatte: »Ich bin gern bereit, mit Ihnen weiter darüber zu reden, sobald Sie das, was wir besprochen haben, in die Praxis umgesetzt haben.« Dies war für beide Gesprächspartner ein Gewinn: für den einen eine geistliche Motivation zum Handeln, für den andern ein Zeitgewinn.

8. Wohl auf keinem anderen Gebiet beim Umgang mit der Zeit brauchen wir die Führung Gottes so dringend wie beim Umgang mit Menschen. Denn zu den nötigen täglichen Entscheidungen gehört sehr viel geistliches Augenmaß: Wann ist die Begegnung mit einem Menschen für mich eine Bereicherung, wann ein Auftrag, wann ein schädlicher Einfluß? Wann sollte ich sie intensiv fortsetzen, wann einschränken und wann abbrechen? Wann habe ich einem Menschen zu wenig Zeit zugewendet, wann aber zuviel?

9. Oberste Leitlinie bei jeder Begegnung mit Menschen – gleichgültig, auf welcher der vielen Ebenen sie sich ereignet – sollte für den Glaubenden sein, daß er dabei diejenige Art von Liebe atmosphärisch weitergibt, die er zuvor von Jesus Christus empfangen hat. Gott will anwesend sein, auch wenn die Umstände rein innerweltlich sind und jedes fromme Wort im Augenblick deplaziert wäre. Jesus sprach mit der Samaritanerin (Joh 4) am Brunnen nicht zunächst nicht über die Frage nach dem Messias, sondern über die Qualität des Trinkwassers.

10. Die Praxis der Suche nach der Zeit ist wohl auf keinem Gebiet so vielschichtig, so geeignet für Erfahrungen, die uns innerlich reich machen, und auch für schuldhaftes Verhalten, Fehler und Mißerfolge wie die Begegnung mit Menschen. Hier brauchen wir ganz besonders die Leitung von Gott, die Vergebung durch Christus und ein von seinem Geist geprägtes, feines Fingerspitzengefühl.

3.3 Du sollst nicht Zeit stehlen

Das Gebot »Du sollst nicht stehlen« ist vielleicht unter allen zehn Geboten dasjenige, dessen Bedeutung sich am leichtesten beschreiben und verstehen läßt, jedenfalls nach gängiger Auffassung. Bei dem, was wir nicht stehlen sollen, denken wir an eine Tafel Schokolade im Supermarkt, ein Auto auf dem Parkplatz, einen Fernsehapparat oder ein Handtuch im Hotelzimmer. Und wie gut wäre es für unsere Gesellschaft, wenn diese Formen des Diebstahls wieder abnehmen und überhaupt das erwähnte Gebot wieder mehr Beachtung finden würde!

Aber ist seine Bedeutung damit wirklich erfaßt? Da es nicht nur materielle Güter gibt, sondern auch immaterielle wie Würde, guten Ruf, Gesundheit oder Glück, so kommen leider auch vielerlei Formen des immateriellen Diebstahls vor, bei denen einer dem andern eines dieser Güter wegnimmt.

In die Reihe dieser immateriellen Güter gehört zweifellos auch die Zeit als ein besonders kostbares Geschenk Gottes an uns Menschen. Das englische Sprichwort, wonach Zeit Geld ist, geht insofern nicht tief genug, als der unbezahlbare Wert der Zeit den des Geldes gewaltig übertrifft – jedenfalls im Leben eines Menschen, der sich dieses Wertes bewußt geworden ist. Daher ist die Fassung »Du sollst nicht Zeit stehlen« eine besonders aktuelle, dringende Version dieses Gebotes, und jede christliche Ethik ohne sie wäre eigentlich unvollständig. Um so überraschender mag es sein, daß bisher dieses Thema recht wenig behandelt und noch weniger praktiziert wird.

Zeitmanagement wird heute an vielen Stellen betrieben bzw. versucht. Dabei besteht jedoch immer die Gefahr, daß nur die rein technischen Aspekte des Umgangs mit der Zeit behandelt werden, aber die ethische Seite fehlt. So schreibt Norbert Copray in der Zeitschrift Psychologie heute, Sept. 1995, unter dem Thema

»Psychologische Weiterbildung für Führungskräfte« wohl zu Recht: »Wer an Zeitmanagement-Seminaren teilgenommen hat, wird häufig merken, daß die Referenten die psychologischen Informationen über Biorhythmus, Gedächtnis, Zeitstrukturierung unverknüpft neben die Anweisung stellen, wie mit ihrem einzigartigen Zeitplanbuch umzugehen sei.«

Manche behandeln das Thema Zeitplanung so, als ob man beim Thema Geldplanung über die bestmögliche Form einer Geldbörse und die zweckmäßigste Art der Aufbewahrung oder Zählung von Geldscheinen und Münzen verschiedener Größen diskutieren würde – statt darüber, für welche Zwecke man das Geld am sinnvollsten ausgibt oder spart und wie man es vorausschauend einteilen kann. Ihnen fehlt also der Sinn für die Tiefen-Dimension der Zeit einschließlich ihres ethischen Aspekts.

Allerdings setzt jede Ethik ein Wertesystem voraus, und hier besteht ein großer Unterschied zwischen einer Ethik, die auf dem Wunsch nach Selbstverwirklichung beruht, und einer solchen, die von dem biblischen Gebot der Liebe zu Gott und zum Nächsten ausgeht.

Bekanntlich hat Jesus in seiner Bergpredigt (Mt 5–7) die alten jüdischen Formalgebote neu ausgelegt: Nicht nur die böse Handlung in ihrer sichtbaren stofflichen Form ist Schuld vor Gott, sondern bereits die entsprechende innere Einstellung, also nicht nur der Mord, sondern auch der haßerfüllte Gedanke, wie Jesus es in einem von sechs Beispielen ausführt. Im gleichen Sinn könnte ein siebtes Beispiel heißen; »Ihr habt gehört, daß im mosaischen Gesetz gesagt wurde: Du sollst nicht stehlen. Ich aber sage euch: Wer seinem Nächsten unnütz eine Stunde Zeit stiehlt und ihn dadurch von einem wichtigen Auftrag abhält, den ich ihm gegeben habe, der ist genauso schuldig wie jeder andere Dieb.«

Gewiß ist die bedeutendste Form des Zeitdiebstahls diejenige, bei der wir Gott die Zeit stehlen oder vorenthalten, die er bei uns für sich selbst vorgesehen hatte. Jeder, bei dem Gott nicht die erste Priorität hat, begeht diesen Zeit-Diebstahl, aber auch jeder, der bestimmte Teile seiner Zeit gegen den Willen Gottes eigenmächtig verwendet und mit falschen Inhalten füllt. Oft ist dabei nicht das, was wir tun, an und für sich verwerflich , wohl aber möglicherweise der damit verbundene Zeit-Mißbrauch. So schreibt Rolf Scheffbuch, der bekannte Prälat im Ruhestand, zu Recht in einem Rundbrief von der Notwenigkeit der Buße für Tausende von nutzlos am Fernseher vertane Stunden. Auf einer einfacheren Ebene muß ja jeder Schüler lernen, daß es zwar nicht verboten ist, eine Badeanstalt zu besuchen, wohl aber z.B. während einer Klassenarbeit.

Ebenso ist aber an die vielen Fälle des heutigen Lebens zu denken, in denen einer dem andern Zeit wegnimmt, z.B. indem er ihn unnötig warten läßt. Auch Menschen, die kaum einen materiellen Diebstahl begehen würden, haben hier oft beim Zeit-Diebstahl kein schlechtes Gewissen. So werde ich nie das Erlebnis in einer größeren Reparaturwerkstatt eines bekannten Autoherstellers vergessen, die ich vor Jahrzehnten wegen eines kleineren Defekts an meinem Wagen aufsuchte. Lange warten mußte ich zunächst am Schalter der Reparatur-Annahme, obwohl dort niemand vor mir stand. So kam ich mit dem Wagen schließlich in die Werkhalle, als fast schon die Mittagspause begann. Keine Bitten halfen, sondern ich mußte das Ende der Pause abwarten. Als dann mit wenigen Handgriffen der Wagen repariert war, entstand schließlich im Kassenraum für mich eine dritte, längere Wartezeit, bis dort die mit moderner Elektronik hergestellte Rechnung eintraf. Danach mußte ich noch ein viertes Mal warten, bis der Angestellte eine Unterhaltung mit seinem Bekannten beendete und bereit war, von mir die Bezahlung entgegenzunehmen. Dieses Schlüsselerlebnis zum Thema Zeit-Diebstahl hat mich nicht nur zum Wechsel der Automarke, sondern auch zu vertieftem Nachdenken über Nächstenliebe in der heutigen Wirtschaftsethik veranlaßt, wo sich kleine Lieblosigkeiten zu größeren Wirkungen summieren können.

Bei der Rückkehr von einer längeren Auslandsreise mußte ich auf dem Flughafen Frankfurt umsteigen. So saß ich dort in einer Maschine, die auf der Rollbahn zum Weiterflug nach Stuttgart bereitstand. Nach einigem Warten kam die Durchsage aus dem Cockpit: »Wir bitten unsere Fluggäste um Verständnis dafür, daß sich der Start wegen eines Warnstreiks des Bodenpersonals verzögert, an dem wir vom fliegenden Personal nicht beteiligt sind.« Während der Stunde unvorhergesehener Muße, die dann folgte, mußte ich über Freiheit und Tarifautonomie nachdenken. Irgend etwas, so schien mir, stimmt an unserer Ordnung nicht, wenn Leute das Recht haben, Ihre Lohn- oder Gehaltsforderungen gegenüber dem Tarifpartner auf dem Rücken unbeteiligter Dritter auszutragen, zu denen hier ja schließlich wir Fluggäste gehörten. Denn so sehr ich für das demokratische Streikrecht in seiner üblichen Form war, so wenig konnte ich verstehen, daß dieses krasse Verhalten davon gedeckt sein sollte. Normalerweise würde es wohl als Freiheitsberaubung oder Nötigung strafbar sein, wenn jemand einen anderen ohne Vorankündigung eine Stunde lang gegen seinen Willen irgendwo festhält, wo er seinen Sitz nicht verlassen kann. Hier aber galt ein solcher Zeit-Diebstahl gegenüber diesen vielbeschäftigten Männern und Frauen paradoxerweise als Ausdruck demokratischer Freiheit, obwohl mehrere von uns auf diese Weise wichtige Termine versäumten und empfindlich geschädigt wurden. Betroffen waren natürlich auch viele Angehörige der Fluggäste, die in Stuttgart eine Stunde länger als erwartet auf ihre Ankunft warten mußten. Doch müssen sich ethische Grundsätze erst bei den Verantwortungsträgern als persönliche Überzeugungen durchsetzen, bevor mit gesellschaftspolitischen Auswirkungen gerechnet werden kann. Und mir wurde erneut klar, daß Jesus Christus bei seinem Eintreten für die Armen und Leidtragenden ja nicht mit politischen oder finanziellen Forderungen begonnen hat, sondern mit der radikalen Veränderung einzelner Menschen durch seine Liebe. Muß man diese Veränderung persönlich erfahren, bevor man aus Liebe zu seinen Mitmenschen auf alle Formen des Zeit-Diebstahls verzichten kann, individuelle wie kollektive? Man müßte Menschen überzeugen, dachte ich, daß es auch bei der Zeit-Ethik besser ist, Nachteile zu erleiden, als selbst anderen Nachteile zuzufügen, und wie jeder von uns versuchen kann, dies mit Gottes Hilfe selbst modellhaft zu praktizieren. Vielleicht sollte ich, so schien mir, einmal ein Buch schreiben über die ethischen Fragen bei der Suche nach der Zeit.

Es gibt viele Formen des Zeitdiebstahls, leider auch unter Christen. Eine davon ist die Überschreitung der Redezeit. Bekannt war der Fall eines Referenten auf christlichen Veranstaltungen für Führungskräfte, die in Hotels stattfanden und dort immer mit einem gemeinsamen Abendessen der Teilnehmer verbunden waren. Statt der vereinbarten 60 Minuten sprach er meist erheblich länger, einmal zweieinhalb Stunden lang, hingerissen von seinem Thema. Man kann sich eine gewisse Frustration bei den Gästen dieser Veranstaltung vorstellen, als sie mit mehr und mehr knurrenden Mägen auf ihren Stühlen saßen. Noch größer aber muß eine gewisse Ungeduld des Küchenchefs gewesen sein, wenn er vielleicht ein kunstvoll und auf die Minute genau für mehr als hundert Personen vorbereitetes Gourmet-Menu mit mehreren Gängen anderthalb Stunden über die vereinbarte Zeit hinaus in den verschiedenen Pfannen und Töpfen warm halten mußte, ohne daß etwas anbrennen oder an Geschmacksqualität verlieren sollte. Dieser Chef und sein Personal waren durch den Zeit-Diebstahl eines Christen unmittelbar betroffen, und dem Haus entstanden durch die längere Arbeitszeit von Mitarbeitern an jenem Abend unvorhergesehene Ausgaben. *Jedoch brauchte der Redner sie nicht zu ersetzen, obwohl er sie verursacht hatte.* Gerade solche Vorkommnisse sind ein Zeichen dafür, wie unterentwickelt auch unter uns Christen das Verständnis und das Feingefühl für eine biblisch begründete Zeit-Ethik noch ist.

Dagegen habe ich vorbildliche Zeit-Disziplin 1954 auf dem Internationalen Mathematiker-Kongreß in Amsterdam erlebt. Da mehrere hundert wissenschaftliche Referate in neun parallelen Sektionen gehalten wurden, hatten die Veranstalter mit dem bekannten, hervorragenden niederländischen Organisationstalent für einen straffen Zeitplan gesorgt: Die Referate durften 15 Minuten dauern und begannen im 20-Minuten-Takt jeweils gleichzeitig in allen Sektionen. Neben jedem Rednerpult war eine Mini-Ampel aufgestellt, die 14 Minuten lang grün, dann 50 Sekunden lang gelb und schließlich 10 Sekunden lang rot leuchtete. Nach Ablauf der Rotphase war der Moderator verpflichtet, sofort den Redner körperlich vom Pult zu entfernen. Dieser letzte Schritt wurde in den wenigen Fällen, in denen er erforderlich war, auch konsequent angewandt; denn nur so war es möglich, daß in den Fünf-Minuten-Pausen zwischen den Vorträgen Interessierte von einer Sektion zur anderen wechseln konnten.

Dummke hatte eine Idee: »Ich kaufe mir eine Mini-Ampel und bringe sie zu Hause im Bad an. Da wir vier Personen sind, die in 30 Minuten morgens nacheinander das Bad benutzen wollen, stelle ich sie auf sieben Minuten und 30 Sekunden pro Person ein und wende die Amsterdamer Methode an, damit das Bad immer rechtzeitig für den Nächsten frei wird.« Aber Schlauke meinte, das würde zu praktischen Schwierigkeiten am Ende der Rotphase führen, und man müßte hier doch humaner vorgehen. Dagegen wäre auf manchen Sitzungen und Tagungen durchaus ein

Fortschritt zu erreichen, wenn man wenigstens eine abgemilderte Form der Amsterdamer Methode praktizieren würde.

Es war auf einer internationalen christlichen Konferenz in der Siegerlandhalle in Siegen/Westfalen, wo an einem Abend Grußworte aus allen vertretenen Ländern auf dem Programm standen. Da es sich um rund 40 Länder handelte und aus praktischen Gründen nur 80 Minuten für diesen Teil verfügbar waren, wurden die Redner gebeten, gegenseitige Rücksicht zu nehmen und sich auf je zwei Minuten Redezeit zu beschränken. Während die Mehrzahl sich dieser Notwendigkeit aus ethischer Einsicht fügte, verwahrte sich ein Delegierter gegen eine solche »typisch westliche« Reglementierung. Er wollte sich, so meinte er, vom Geist Gottes inspirieren lassen, und diesen dürfe man nicht dämpfen. So sprach er ungedämpft weit über die ihm zustehende Zeit, und da der Moderator leider nicht rechtzeitig einschreiten mochte, kamen am Ende andere nicht mehr zu Wort. Ob dieser Zeit-Diebstahl tatsächlich vom Geist der Liebe und Rücksichtnahme inspiriert war?

Besonders traurig ist auch das Kapitel des Zeit-Diebstahls im Straßenverkehr. Auf der Autobahn blockiert ein Laster mit 92 Stundenkilometern vielleicht zwei Minuten lang die mittlere Spur, um einen anderen zu überholen, der 90 Stundenkilometer fährt. Wenn er so lange zwanzig wesentlich schnellere Fahrzeuge am Überholen hindert, dann beträgt deren Zeitverlust zusammen erheblich mehr, vielleicht das Hundertfache des möglichen Zeitgewinns für den Schuldigen selbst.

In der Zeit-Ethik ist stets die Anzahl der Betroffenen ein Faktor. Wenn für eine Gruppe von dreißig pünktlich eingetroffenen Bus-Reisenden sich die Abfahrt wegen eines notorischen Nachzüglers auch nur um vier Minuten verzögert, beträgt sein Zeit-Diebstahl bereits 120 Minuten, also zwei Stunden. Genau das Gleiche geschieht, wenn der Leiter einer Sitzung oder der Dozent in einer Vorlesung dreißig pünktlich erschienene Teilnehmer vier Minuten lang warten läßt. Dies wiegt schwerer als das Zuspätkommen eines anderen Teilnehmers, das für andere »nur« als Unhöflichkeit und als mehr oder minder lautstarke Störung der Veranstaltung, nicht aber als Zeit-Diebstahl wirken mag. Aus diesem Grunde ist es ja eine gute Gepflogenheit der Zeit-Ethik, daß im Theater oder Konzert Zuspätkommende nicht während der Vorstellung in den Saal gelassen werden.

Unvergeßlich ist mir der verstorbene Gründer und erste Präsident des Christlichen Jugenddorfwerks Deutschlands, Professor Arnold Dannenmann. Die Sitzungen des Präsidiums pflegte er nicht nur mit äußerster Pünktlichkeit auf den Gongschlag genau zu eröffnen: üblich war unter seiner Regie auch, daß die Mitglieder dieses Gremiums ein paar Minuten vorher am Sitzungstisch Platz nahmen und sich still auf die Tagesordnung konzentrierten. In den vielen Gremien, in denen ich Tausende von Stunden meines Lebens verbrachte, habe ich nirgends eine so gute, liebevoll-höfliche und doch zugleich effektive, zeitsparende Form der Sitzungsleitung erlebt wie die von Arnold Dannenmann in seinen besten Jahren. Hier konnten oft in wenigen Stunden für ein großes christliches Werk, das jährlich Hunderttausende von Jugendlichen betreute und durch dessen Kassen jedes Jahr mehrere hundert Millionen Mark flossen, weitreichende und klare Entscheidungen getroffen werden, die vielleicht an anderer Stelle sehr viel mehr Zeit und Worte erfordert hätten. Gut also, wenn der Sitzungsleiter nicht nur sich selbst, sondern auch andere kurz fassen kann, mit oder ohne Amsterdamer Methode.

Pünktlichkeit ist also keinesfalls eine veraltete preußische Tugend, jedenfalls nicht in all den Situationen, wo sie Menschen einen spürbaren Schaden erspart. Sie mag entbehrlich sein, wenn etwa auf einer Grill-Party ohnehin kein gemeinsamer Beginn irgendeines Programms vorgesehen ist. Bei Einladungen zum Essen im Privathaus gilt sogar noch immer die gute Regel der Zeit-Ethik, daß man der Dame des Hauses über die vereinbarte Zeit hinaus etwa fünf Minuten Zeit für die Vorbereitungen einräumen soll. Man klingle also etwa um 19.35 Uhr an der Tür, wenn man für 19.30 Uhr eingeladen ist.

Nicht nur in Sitzungen, sondern selbst im privaten Kreis kann der Zeit-Diebstahl darin bestehen, daß einer dem andern ins Wort fällt, ihm also wichtige Sekunden zum Abschluß eines Satzes oder Gedankens nimmt, oder einfach zu lange redet. Wenn dieses Verhalten sich wiederholt und einer das Gespräch stark dominiert, werden andere, die zurückhaltender sind, obwohl sie vielleicht Besseres beizutragen hätten als der Vielredner, sich übergangen und unwohl fühlen. Hier sollte vielleicht für uns die zeit-ethische Faustregel gelten: Wenn man zu zweit spricht, dann beschränke man sich etwa auf die Hälfte der Gesprächszeit; entsprechend auf ein Drittel, wenn drei Personen miteinander reden, usw.

Auch am Telefon wird diese Art von Zeit-Diebstahl manchmal begangen. Wenn wir jemand zu einer Tageszeit anrufen, in der auch andere auf die gleiche Leitung warten, so behindern wir diese Menschen und nehmen ihnen Zeit. Aber natürlich kann es sein, daß der Angerufene selbst gerade stark beschäftigt ist und zwar Zeit hat, eine Frage zu beantworten, nicht aber eine längere Unterhaltung zu führen. Unter Freunden kann man bei Beginn des Gesprächs offen danach fragen und sich dann entsprechend verhalten.

Natürlich gibt es Situationen, in denen die Zeit eines Beteiligten Vorrang vor der eines anderen haben muß. So wird sicher ein vielbeschäftigter Rechtsanwalt seinem Mandanten eher zumuten können, im Vorzimmer auf ihn zu warten als umgekehrt. Dieser Umstand ist selbstverständlich durch die Verschiedenheit der Rollen beider

Menschen in einer solchen Situation bedingt: Wer den Rat oder die Dienstleistung eines anderen sucht, der wird selbstverständlich bereit sein, sich in diesem Augenblick dessen Zeitplan anzupassen. Doch sollte dies von niemandem so mißverstanden werden, als ob es pauschale gesellschaftliche Sonderrechte geben würde, wonach in jeder Lage automatisch derjenige ein Zeit-Vorrecht hätte, der dem anderen gegenüber in der höheren gesellschaftlichen Position ist oder zu sein meint. Eine solche Denkweise wäre nicht nur in einer guten Demokratie als Überbleibsel vergangener Epochen abzulehnen: sie würde auch der christlichen Zeit-Ethik widersprechen, die auf Nächstenliebe ohne Ansehen der Person beruht.

Zu unterscheiden ist auch, ob der Mensch, um den es sich handelt, durch eine zeitliche Unterbrechung an etwas Wichtigem gehindert wird oder ob er vielleicht gar unter Einsamkeit und Langeweile leidet und sich daher ausgesprochen freut, wenn an der Kasse im Laden oder am Schalter auf der Post sich jemand mit ihm ausgiebig unterhält. Wer ohnehin nichts vorhat, der versäumt natürlich auch nichts. Aber auch in diesen Fällen brauchen wir ein sensibles Zeit-Gewissen dafür, ob Dritte durch uns aufgehalten werden.

Besonders häufig kommt dies an Tankstellen vor, wo ja oft der Wartende noch nicht einmal tanken kann, bevor der Vordermann seine Plauderei im Kassenraum beendet hat. Naheliegende zeitsparende Verbesserungen (wie an manchen Tankstellen in Frankreich, wo die Wagen parallel nebeneinander stehen, so daß jeder unabhängig vom anderen eine freie Zapfsäule erreichen oder verlassen kann) sind offenbar hierzulande noch nicht eingeführt. Denkbar wäre ja auch, besonders markierte, von der Kasse aus gut sichtbare Abrechnungs-Positionen einzurichten, in die jeder vor dem Bezahlen vorfährt.

Viel gravierender sind jedoch die Fälle, in denen der Zeit-Diebstahl einen Menschen um Jahre oder Jahrzehnte seines Lebens beraubt. So sehr es christlich geboten ist, Vater und Mutter zu ehren und ihnen im Alter in Notlagen behilflich zu sein, so wenig ist es ethisch vertretbar, wenn Menschen mitunter ohne dringende Not von ihren Familienangehörigen fordern, sie ständig zu betreuen. Manchmal hat dies dazu geführt, daß vor allem Töchter oder Schwiegertöchter in ihrer familiären Entfaltung stark beeinträchtigt wurden und das Versäumte, wenn überhaupt, dann erst viel später – nach dem Tod der Eltern – nachholen konnten. Menschen jedoch, die in jungen Jahren begonnen haben, von ihrer Zeit fröhlich und ohne berechnende Hintergedanken anderen etwas zu schenken, pflegen diese Haltung auch im Alter noch zu praktizieren, vielleicht sehr zur Freude ihrer Enkelkinder und vieler anderer.

Was die Zeit-Ethik in der Praxis kompliziert macht, ist die Tatsache, daß wir jede Stunde, jeden Tag nur einmal ausfüllen können: Es gibt also Konflikte, in denen wir unsere Zeit bestimmten Menschen entziehen müssen, um sie anderen zuwenden zu können, für die wir vor Gott in einer konkreten Situation eine noch größere Verantwortung tragen. Gelegentlich geraten wir auch in sachbezogene Terminkonflikte, bei denen es unvermeidlich wird, einen Termin zu versäumen, um zwei oder drei andere einhalten zu können, die vor Gott noch wichtiger sind. Wer als Christ verantwortlich leben möchte, der braucht gerade in diesem Punkt ein besonderes Maß an Klarheit über Gottes Willen und eine geheiligte Gelassenheit, um nicht innerlich und äußerlich durch solche Konflikte zerrissen zu werden. Schließlich wußte schon Martin Luther, daß es Zwangssituationen gibt, in denen wir nur die Wahl haben zwischen zwei (oder mehreren) Arten der Schuld, von denen wir dann die eine tapfer auf uns nehmen dürfen.

Wir sehen, wie die Suche nach der Zeit zu einer Ethik führt, über die kaum noch wirklich nachgedacht worden ist. Einstweilen sind vielleicht folgende Regeln dazu vorzuschlagen:

1. Laß nie einen Menschen unnötig warten, wenn du dadurch für ihn einen spürbaren Zeitverlust verschuldest, den du vermeiden kannst.

2. Wenn irgend möglich, halte zugesagte Termine ein, besonders wenn für andere etwas Wesentliches davon abhängt.

3. Lerne es, nicht mehr zuzusagen, als du zeitlich einhalten kannst.

4. Deinen Nächsten lieben wie dich selbst bedeutet, die Zeit des andern für genauso wichtig zu halten wie die eigene. Ein quantitativer Vergleich müßte allerdings das beiderseitige Zeit-Quantum noch mit je einem auf die Situation bezogenen Dringlichkeitsfaktor versehen. Verfüge daher über die Zeit eines andern stets mit entsprechender Nächstenliebe und Zuvorkommenheit.

5. Pünktlichkeit ist ethisch dann dringend geboten, wenn andere durch das Zuspätkommen gestört oder gar geschädigt werden. Unpünktlichkeit stellt sogar einen Zeit-Diebstahl dar, wenn durch sie ein zuvor fest terminierter, wichtiger Vorgang verzögert wird. Die gestohlene Zeit ist in diesem Fall gewissermaßen gleich der Verspätungsdauer, multipliziert mit der Anzahl der wartenden Personen.

6. Einem Menschen Zeit zu schenken ist oft wichtiger als jedes materielle Geschenk. Gehe daher nicht geizig, sondern in schenkender, opferbereiter Weise mit deiner Zeit um.

7. Oft kannst du durch einen geringen Aufwand an eigener Zeit einem andern einen viel größeren Zeitaufwand ersparen. Gerade in solchen Situationen ist dieses kleine Opfer ethisch geboten, wenn dem nicht ganz zwingende, vor Gott vertretbare Gründe entgegenstehen.

8. Sei dir als Christ bewußt, daß an deinem Umgang mit der Zeit besonders deutlich abzulesen ist, wie es mit dei-

ner Liebe zu Jesus und deiner Hoffnung auf sein kommendes Reich steht.

3.4 Einsatz für die neue Welt

Im Alten Testament findet sich im Buch des Predigers der vielzitierte und äußerst tiefsinnige Satz (Kap. 3, Vers 1): »Alles hat seine Zeit, und für jedes Vorhaben unter dem Himmel gibt es seine Stunde.« Dahinter steckt die Erkenntnis, daß es die Aufgabe des Menschen ist, im Fluß der Zeit seinen Platz bewußt einzunehmen und zu erkennen, wann die Stunde für dieses, wann für jenes Vorhaben da ist. Wir brauchen ein Gespür dafür, wann im Ablauf unseres Lebens die richtige Zeit für jede einzelne Phase, für jedes gewichtige Vorhaben gekommen ist. Und der erwähnte Text im Predigerbuch führt anschließend anhand von Beispielen aus, daß zu diesen Inhalten des Lebens auch die großen Gegensätze wie Geburt und Tod gehören, Trauer und Freude, Sammeln und Loslassen...

Für den Glaubenden heißt dies, das Zeitmaß Gottes zu erkennen, sich bewußt von Gott führen zu lassen. Wir haben in diesem Zusammenhang schon ausführlich über das Lebensprogramm Gottes nachgedacht und über die Notwendigkeit, uns jeden Tag der Leitung durch den Geist Gottes zu öffnen, damit er uns auf den jeweils neuesten Stand dieses Programms einstimmen kann. Schließlich bedeutet Christsein, sich durch Christus in den Einflußbereich Gottes eingliedern zu lassen, und dies hat, wenn es echt geschieht, nach und nach auf allen Lebensgebieten praktische Folgen. Wichtig ist dabei nicht nur, daß wir Dinge tun, die prinzipiell gut sind, sondern daß wir konkret das anpacken, was zu unserem persönlichen Auftrag gehört, und dies jeweils zum richtigen Zeitpunkt oder im richtigen Zeitabschnitt.

Es gilt, für bestimmte Dinge im Leben wie einerseits

Schulbildung, Studium oder berufliche Ausbildung, andererseits Liebe, Ehe und Familie den richtigen Zeitpunkt abzuwarten; denn er läßt sich weder krampfhaft vorwegnehmen, noch läßt er sich festhalten, wenn Gottes Zeit dafür nun einmal vorüber ist. Und jeder Leistungssportler weiß oder sollte wissen, wann die Zeit für intensives Training und für Höchstleistungen ist, wann aber der Zeitpunkt gekommen ist, sich aus dem aktiven Sport zurückzuziehen. Auch hier gilt: Wer zu spät kommt, den straft das Leben.

Natürlich gibt es eine Reihe von normalen Dauer-Pflichten für uns, wozu ja schließlich auch die wirtschaftliche Verantwortung für uns selbst und die nächsten Angehörigen gehört, die Sorge um Nahrung, Kleidung, Gesundheit, Wohnung usw. Hier gilt jedoch jenes entscheidende Wort zum Umgang mit der Zeit im Leben eines Glaubenden, das Jesus einmal sagte (Mt 6,33): »Trachtet zuerst nach dem Reich Gottes und nach seiner Gerechtigkeit, so wird euch das alles zufallen.«

Bei der Setzung unserer Prioritäten ist dieser Satz der wichtigste überhaupt, und man kann ihn gar nicht wörtlich genug nehmen. Gott will, daß der Glaubende in erster Linie für die Belange lebt, die sich aus seiner Zugehörigkeit zum Reich, also zum Herrschaftsbereich Gottes ergeben. Grundsätzlich hat dieses Reich Vorrang vor allem übrigen, und das wird sich, wenn der Glaube eines Menschen echt ist, unmittelbar in dem Ablauf seiner Tage, Wochen und Jahre zeigen.

Dummke schrieb an die religiöse Abteilung von Radio Erewan: »Wenn ich vor allem nach dem Reich Gottes strebe, wird mir dann wirklich alles übrige zufallen?« Radio Erewan antwortete: »Im Prinzip ja; aber Sie müssen Gott jeden Tag fragen, was er heute für Sie als ›alles übrige‹ vorgesehen hat.«

Zum Reich Gottes gehört in dieser Welt derjenige Teil, der nach seinem Willen gestaltet wird, ein Fremdkörper in unserer heutigen, weitgehend von Gott entfremdeten Gesellschaft. Einbezogen in das Reich Gottes sind verschiedene Kirchen, Gemeinden, Gemeinschaften und sonstige christliche Vereinigungen und Bewegungen, mögen sie nun gemeindebauend, missionarisch, diakonisch, pädagogisch oder anderswie tätig sein. Zum Reich Gottes gehören alle Tätigkeiten im öffentlichen wie im privaten Leben, die in seinem Auftrag geschehen. Zum Reich Gottes gehören vor allem die Menschen, die sich verbindlich an Jesus Christus angeschlossen haben.

Das Reich Gottes ist zwar als solches in unserer Welt keine bestimmte Institution oder Organisation; aber es kommt konkret an den genannten Stellen zum Ausdruck, und zwischen seinen einzelnen Teilen besteht eine mehr oder minder enge Verflechtung. Daher bilden sich zwischen einzelnen Teilen, auch wenn sie nicht gemeinsam organisiert sind, immer wieder konkrete Aktionsgemeinschaften, etwa bei missionarischen Großveranstaltungen, bei der christlichen Publizistik, bei der Mission im Ausland oder bei der Vertretung biblischer Belange gegenüber Parlamenten, Regierungen und Öffentlichkeit.

Auf den einzelnen, der heute zum Glauben an Jesus Christus kommt, wartet also ein weites Aufgabenfeld. Sicher mag der erste Schritt für ihn die Eingliederung in eine Gemeinde sein, die erkennbar aus dem biblischen Glauben lebt und aktiv handelt. Dort wird er vermutlich sehr bald in den verschiedenen Zweigen des Gemeindelebens zur Mitarbeit eingeladen werden; nicht nur bei der Gestaltung von Gottesdiensten oder Hauskreisen, sondern vielleicht im Chor, in der Jugend- oder Kinderarbeit, im Frauen- oder Seniorenkreis usw.

Ein weiterer Schritt mag darin bestehen, daß einer, der an Jesus Christus glaubt, zur Mitarbeit in einer der vielen guten Vereinigungen berufen wird, die sich heute um geistliche und menschliche Hilfe für spezielle Zielgruppen kümmern, mögen dies nun Strafgefangene, Politiker,

Straßenkinder, Schüler, Soldaten, Studenten, Alkoholabhängige, Führungskräfte, Frauen mit Problemschwangerschaften, notleidende Asylanten, Akademiker, Geschäftsleute oder andere sein. Jeweils gibt es im Reich Gottes Menschen mit einer speziellen Berufung und einem speziellen Zugang zu der betreffenden Personengruppe. So zu wirken, gehört offenbar gerade jetzt im ausgehenden 20. und im beginnenden 21. Jahrhundert zur erkennbaren Strategie Gottes beim Aufbau seines Reiches, offenbar weil die herkömmlichen Kirchen diese Art von Ergänzung ihrer Tätigkeit in ihrem Vorfeld brauchen, um den heutigen Menschen besser mit ihrer Botschaft erreichen zu können. Leider aber zeigt sich, daß relativ wenige Menschen bereit sind, sich in ihrem bürgerlichen Leben die nötige Freiheit von Gott schenken zu lassen, die für die Berufung in die eine oder andere dieser Aufgaben verbunden ist. Diese wenigen jedoch stöhnen manchmal über Mehrfachbelastung – ein Zeichen, daß sie über ihren eigentlichen Auftrag hinausgehen.

Ein dritter Schritt bei der Berufung zur Mitarbeit im Reich Gottes besteht in Sonderaufträgen, die Gott einzelnen schenkt. Er beruft den einen zum Fernseh-Moderator, den anderen zum privaten Ratgeber und Friedensstifter unter afrikanischen Politikern, den dritten zur Mithilfe bei christlichen Kreisen in irgendeinem fernen Land. Auch hier kommt es natürlich immer darauf an, daß dieser Auftrag mit viel Fingerspitzengefühl dafür geschieht, wie er sich konfliktfrei in das Ganze des Reiches Gottes eingliedert und wie auf einzelne Teile dabei konkret liebevolle Rücksicht zu nehmen ist.

Alle die erwähnten Gemeinden, Bewegungen und sonstigen Personenkreise im Reich Gottes leben also davon, daß Menschen sich zur Mitarbeit in ihrem Rahmen berufen lassen. Dies ist, wie die Erfahrung zeigt, zwar manchmal mit ein paar bürgerlichen Unbequemlichkeiten verbunden – Mahlzeiten und Nachtruhe sind vielleicht nicht immer zu den gewohnten Zeiten und auf die gewohnte Art möglich –; doch ist ein solcher Einsatz faszinierend und ungemein frohmachend, wenn wir dabei erleben, wie Gott uns manchmal unmittelbar in sein Wirken einbezieht.

In den fünfziger Jahren erlebte ich eine studentische Erweckung mit. Wir waren ein verhältnismäßig kleiner Kreis an der Universität, der sich für diesen Einsatz von Gott berufen wußte. Um die missionarischen Veranstaltungen wie Hochschulwochen, Freizeiten, Bibelabende usw. vorzubereiten, brauchten wir wöchentlich speziell fünf Zusammenkünfte zum gemeinsamen Gebet und zur Koordination des Ganzen. Als sich bei einigen von uns Schwierigkeiten bei der Terminierung dieser Zusammenkünfte einstellten, wurde beschlossen, sie auf sieben Uhr morgens zu verlegen. Da um diese Zeit niemand andere Termine wahrzunehmen hatte, war es nun nur die Frage, ob wir hier konkret dem Reich Priorität vor Nachtruhe oder geruhsamem Frühstück einräumen wollten. Es zeigte sich erfreulicherweise, daß die Bereitschaft dafür bei fast allen vorhanden war, und dies wirkte sich auf den Einsatz des ganzen Kreises fruchtbringend aus.

Ähnliches gilt allgemein. Wer bereit ist, einen hohen Anteil seiner Zeit der Sache Gottes zur Verfügung zu stellen, der wird immer die Erfahrung machen, daß er dadurch nicht zu kurz kommt. Im Vergleich zu einem anderen wird vielleicht bei ihm ein zeitraubendes Hobby entfallen. Vielleicht findet sich eine Lösung, bei der er seine beruflichen Ambitionen einschränken und so Zeit gewinnen kann, ohne daß seine Qualität als Fachmann darunter leidet. Vielleicht schenkt ihm Gott die großartige innere Freiheit des konzentrierten und disziplinierten Arbeitens, das ja auch stets zu einem Zeitgewinn führt.

Der Einsatz im Reich Gottes wird jedoch zu einem frommen Krampf, wenn er nicht aus der Geborgenheit in Jesus Christus kommt, sondern aus Geltungssucht,

Machtstreben oder als Ersatz für fehlende Erfolgserlebnisse auf anderen Lebensgebieten. Einer, der eine missionarische Studentengruppe leitete, rechnete anderen vor, wie viele Stunden pro Woche er sich in dieser Funktion einsetzte, und er leitete daraus unverhohlen Machtansprüche her. Leider zeigt sich mitunter, wenn solche falschen Motive nicht als Schuld erkannt und mit Gottes Hilfe behoben werden, daß sie noch nach Jahrzehnten weiterwirken und schweren Schaden in seinem Reich anrichten können.

Ein bekannter Christ im 20. Jahrhundert sagte zu diesem Thema: »Wer mehr tut, als Gott will, wird nervös; wer weniger tut, als Gott will, wird deprimiert.« Man sollte hinzufügen: Wer etwas anderes tut als das, was Gott will, wird nervös und deprimiert zugleich, und dies mag der Grund sein, weshalb es manchmal so viel Nervosität, so viel Depression und auch Reibungsverluste unter Mitarbeitern im Reich Gottes gibt.

Ein äußerst lehrreiches biblisches Beispiel zu diesem Thema ist der Prophet Jona. Er wurde von Gott beauftragt, nach Ninive zu reisen, um der dortigen Bevölkerung Buße zu predigen. Statt dessen nahm Jona ein Schiff nach Tarsis, also in die entgegengesetzte Richtung. Er wollte zwar Aktivität entfalten, aber in einer ganz anderen Richtung als der von Gott gewollten. Man sollte einmal das Buch Jona im Alten Testament unter dem Gesichtspunkt lesen, wie störrisch ein von Gott Berufener sein kann, wenn er den konkreten Gehorsam durch eigene Aktivitäten mit selbstgesetzten Zielen ersetzt, und welche drastischen Mittel Gott anwenden mußte, um Jona schließlich doch noch nach Ninive und die dortige Bevölkerung zur Buße zu bringen. Dabei sollten wir lernen, das Reich Gottes an die erste Stelle zu setzen, ohne solche Tarsis-Reisen auch nur in Erwägung zu ziehen. Denn dies gehört ganz wesentlich zur Suche nach der Zeit unter Christen.

3.5 Arbeit, Beruf und Gesellschaft

In früheren Zeiten war es offensichtlich, daß der Mensch den größten Teil der wachen Stunden seines Tages mit Arbeit zu verbringen hatte, und darin wurde eigentlich auch der Sinn seines Daseins gesehen. In den letzten Jahrzehnten jedoch ist durch Fortschritte der Technik und der sozialen Entwicklung die wöchentliche Arbeitszeit stark gesunken. Berücksichtigt man die Tatsache, daß es in Mitteleuropa ungewöhnlich viele Feiertage auf dem Kalender, ferner gerade in Deutschland eine besonders günstige Urlaubsregelung und außerdem noch eine viel höhere Anzahl von Krankmeldungen gibt als in fast allen anderen Ländern, so ist festzustellen, daß die Anzahl der durchschnittlich geleisteten Arbeitsstunden pro Jahr noch stärker gesunken ist. Wenn man zusätzlich auch noch die gewaltig gestiegene Zahl der Frührentner und der Arbeitslosen in die Statistik einbezieht, dann macht jetzt die berufliche Arbeitszeit im Mittel nur noch einen recht kleinen Teil der Lebenszeit unserer Mitbürger aus, kaum mehr als 13 Prozent.

Welche Priorität sollten Beruf und Arbeit im Zeithaushalt eines Christen haben? Ist sie nur noch ein notwendiges Übel, so daß der eigentliche Lebenssinn nach Feierabend beginnt – in der Freizeit? In christlicher Sicht sind eigentlich beide Thesen falsch: Weder lebt der Mensch, um zu arbeiten, noch arbeitet er ausschließlich, um nach Feierabend leben zu können. Denn weder die Arbeit noch die Freizeitgestaltung kann Selbstzweck sein.

Immerhin: Der Mensch findet in der Regel durch sinnvolle Tätigkeit ein hohes Maß an Selbstbestätigung. Dies zeigt sich ja gerade daran, daß viele bei Arbeitslosigkeit unter der zeitlichen Leere ihrer Tage noch mehr leiden als unter der finanziellen Rückstufung. Denn gerade derjenige, der vielleicht nicht voller kreativer Ideen zur Gestaltung seiner Zeit steckt, sondern mehr auf Arbeitsanleitung und auf Freizeitbetreuung durch andere angewiesen ist, gerade dieser Mensch braucht zur Erhaltung seines inneren Gleichgewichts eine geregelte Arbeit. Ohne sie würde er vielleicht haltlos werden und in Alkoholismus, Kriminalität oder andere Formen des Ersatzlebens zur Füllung seines Zeit-Vakuums abgleiten. Insofern steckt in der Feststellung von Rainer Hank ein Körnchen Wahrheit, wenn er in der Frankfurter Allgemeinen Zeitung vom 8.1.94 schreibt: »Die Arbeit hat sich bei der Eroberung der Zeit allen anderen Formen der Tätigkeit überlegen erwiesen... Arbeit vermag für menschliches Leben Sinn zu stiften.«

Im biblischen Sinn ist die Arbeit dem Menschen geboten als Teil seines von Gott empfangenen Auftrags, diese Erde zu beherrschen und sie sich nach den Weisungen Gottes untertan zu machen, also in seinem Sinne zu bewahren und zu pflegen. Der Mensch sollte den Garten Eden bebauen und »im Schweiße seines Angesichts«, also aufgrund eigener Arbeitsleistung, sein Brot essen.

Die psychologische Erfahrung bestätigt, daß das Brot und auch die Pralinen besser schmecken, wenn jemand zuvor für sie gearbeitet hat, und daß es für die Entwicklung eines Menschen ausgesprochen ungünstig ist, wenn er den Zusammenhang zwischen der Arbeitsleistung von gestern und dem Wohlstand von heute nicht mehr versteht. Auch aus diesem Grunde ist es gut, wenn ein Mensch eine berufliche Arbeit hat.

Es kommt hinzu, daß auch gerade eine Wohlstandsgesellschaft wie unsere hohe produktive Leistungen erbringen muß, um ihren Standard einigermaßen erhalten und auch diejenigen versorgen zu können, die wegen Alter, Invalidität, Krankheit, Arbeitslosigkeit, Gefängnisaufenthalt oder aus anderen Gründen nicht im Produktionsprozeß stehen können.

Jeder ehrenhafte Beruf trägt zudem den hohen Wert in sich, Güter oder Dienstleistungen (im weitesten Sinne dieses Wortes) zu erzeugen, die dem Menschen helfen und nützen. Zumindest sollte ein Christ nur einen solchen Beruf ausüben, bei dem dies zutrifft.

Der Beruf kann zudem dazu dienen, daß ein Mensch seine besten Fähigkeiten entwickelt und anwendet und auf diese Weise ein Stück Selbstbestätigung durch Freude an der eigenen Leistung findet. Auch dies ist vom christlichen Standpunkt aus anzuerkennen, zumal die Talente ja nach biblischem Verständnis Gaben von Gott sind, die es in seinem Sinn einzusetzen gilt. Übrigens ist bei diesem Einsatz von Talenten in einer beruflichen Laufbahn der Erfolg zwar nicht das oberste eines Christen; doch sollte man dies nicht so mißverstehen, als ob er uns verboten wäre. Wer auf den geistlichen Unterschied zwischen Frucht und Erfolg hinweist, dem wird klar werden, daß sich beides nicht gegenseitig ausschließt.

Für den Christen kommt noch hinzu, daß in aller Regel durch seine Berufstätigkeit eine Ebene gesellschaftlicher Kontakte entsteht, auf der ihn Gott zum zeugnishaften Vorleben seiner Botschaft verwenden will. Niemand sollte daher aus Trägheit ohne zwingenden Grund diese Ebene von sich aus verlassen.

Daher ist der gegenwärtige Kampf um immer weitere Arbeitszeit-Verkürzungen, so berechtigt er in vergangenen Epochen auch war, nicht mehr sinnvoll, nachdem ein vertretbares Maß erreicht und stellenweise bereits überschritten wurde. Der rein quantitative Gewinn an arbeitsfreier Zeit bedeutet eben aus den genannten Gründen noch kein Mehr an Lebenserfüllung. Auch die Gewerkschaften haben eigentlich noch kaum Antworten auf die Frage gegeben, was der Arbeitnehmer mit der gewaltigen Menge an freier Zeit eigentlich anfangen soll, die er inzwischen gewonnen hat.

»Jetzt brauche ich wieder nur noch eine Stunde weniger in der Woche zu arbeiten«, sagte Dummke. »Und was machst du mit dieser einen Stunde?« wollte Schlauke wis-

sen. »Das habe ich mir noch nicht überlegt«, war die Antwort, »aber ich hoffe, irgend etwas wird sich im Fernsehen schon finden.«

Zu diesem Thema schrieb der sächsische Ministerpräsident Biedenkopf in der Frankfurter Allgemeinen Zeitung vom 25.6.94: »Die ganze Perversion der herrschenden Ideologie zeigt sich im Arbeitsmarkt dann, wenn Arbeitnehmer, die zur Erhaltung ihrer Arbeitsplätze die Viertagewoche akzeptiert haben, jetzt von der staatlichen Arbeitsmarktpolitik einen zweiten Arbeitsplatz verlangen, weil sie mit der zusätzlichen Zeit nichts anzufangen wissen und auf das entgangene Einkommen nicht verzichten wollen.«

Sicher beruht diese Kampagne für die Arbeitszeit-Verkürzung auf einem naiven, rein quantitativen Verständnis der Zeit in Verbindung mit der unterschwelligen Vorstellung, daß Arbeit in jedem Fall etwas Unlustbetontes sei, das man eigentlich vermeiden möchte. Mag sein, daß bei einfachen, körperlichen, schweren Tätigkeiten dieses Bild immer noch ein Stückweit zutrifft; doch sind ja längst die Bemühungen von Arbeitspsychologen im Gange, auch in diesen Fällen das Klima am Arbeitsplatz zu verbessern und attraktiver zu machen. Vor allem wäre es natürlich für die beteiligten Arbeitnehmer menschlich viel besser, wenn sie für ihre Arbeit mehr motiviert und nicht mit ideologischen Parolen zur Unzufriedenheit angestachelt werden. Besser wäre es vor allem, wenn nicht durch immer weiter fortschreitende Rationalisierung und Computerisierung ein bestimmter Teil des Begabungsspektrums mehr und mehr aus der Arbeitswelt verdrängt wird. Hierzu wäre es allerdings notwendig, daß auch dieser Teil der Arbeitnehmer wieder auf einem Lohn- und Gehaltsniveau beschäftigt werden könnte, das einschließlich der Nebenkosten wirtschaftlich erschwinglich ist.

Erste Einsichten in die Tatsache, daß die ständige Verkürzung der Arbeitszeit wirtschaftlich in eine Sackgasse geführt hat, scheinen sich erfreulicherweise anzudeuten. Mag sein, daß noch in diesem Jahrzehnt oder spätestens in den kommenden Jahren hier ein neuer Realismus Platz greift. Einstweilen verstärkt sich jedoch stellenweise noch das vorherrschende Zeit-Paradox: Diejenigen, die kreativ veranlagt sind und mit ihrer freien Zeit sehr viel Nützliches anfangen könnten – sowohl für sich persönlich in geistig-kultureller Hinsicht als auch durch ehrenamtliche Mitarbeit an vielen Stellen zugunsten der Gesellschaft –, haben immer weniger freie Zeit zur Verfügung; sie arbeiten in leitenden Positionen oft 70 und mehr Stunden pro Woche. Diejenigen aber, die ihre viele freie Zeit oft weniger sinnvoll zu gestalten wissen, kämpften bis vor kurzem noch darum, die wöchentliche Arbeitszeit von 37 auf 35 Stunden und weiter zu senken. Ungut ist diese Entwicklung natürlich für beide Gruppen, zumal wenn hier dem Geld-Neid in der einen Richtung ein wachsender Freizeit-Neid in der anderen Richtung gegenübersteht.

Wichtig für den Glaubenden ist, bildungsmäßig und beruflich den Weg zu finden und zu bejahen, der für ihn im Rahmen der von Gott empfangenen Fähigkeiten vorgezeichnet ist. Dann lohnt sich der jahrelange Aufwand an Zeit und Energie während der Ausbildung oder des Studiums, ohne daß diese Phase durch ein unangemessenes »Lob der Langsamkeit« unnötig in die Länge gezogen werden sollte. Denn dies würde ja anschließend andere Nachteile mit sich bringen, nicht nur auf dem Arbeitsmarkt und beim Bafög. Vielmehr gilt es, die frühen Jahre zu nutzen, in denen uns erfahrungsgemäß das Lernen leichter fällt als später.

Wichtig für den Christen ist, ein positives Verhältnis zu seiner beruflichen Arbeit zu haben. Auch wenn er einen sogenannten weltlichen Beruf ausübt, sollte er dies nicht ohne das Bewußtsein tun, dafür von Gott berufen zu sein. Sein Verhalten im Beruf ist Teil seines indirekten Zeugnisses und des Dienstes für seinen Herrn, so daß er letztlich nicht nur aus arbeitsrechtlichen Verpflichtungen, sondern aus Verantwortung vor Gott dabei handelt. Um so wichtiger ist es, daß der Glaubende atmosphärisch etwas von der Liebe Gottes zu den Menschen vermitteln kann, mit denen er bei seiner Arbeit umgeht. Nicht Spitzenleistung und Karriere-Erfolg mögen für ihn die Kriterien sein, wohl aber Einsatzbereitschaft, Freundlichkeit, Ehrlichkeit, unbedingte Zuverlässigkeit, Lernfähigkeit, gute Zusammenarbeit und Leistungsbereitschaft im Rahmen der eigenen Grenzen.

Glaubende sind in der glücklichen Lage, die berufliche Arbeit nicht als Grundlage ihrer eigenen Identitätsfindung oder täglicher Selbstbestätigung zu benötigen, da ihnen all dies durch ihre Begegnung mit Christus geschenkt wird. Sie brauchen daher auch keine Arbeitssüchtigen zu werden, die sich an ihrer Tätigkeit berauschen wie an einer Droge, woran ja das persönliche Leben einschließlich der Beziehung zu den Angehörigen verarmen und zerbrechen kann. Aber gerade weil Christen eine etwas größere innere Distanz zu ihrer eigenen Berufstätigkeit haben mögen als andere, können sie auch gelassener sein gegenüber Erfolgen und Mißerfolgen, innerlich stärker bei unverschuldeten Konflikten am Arbeitsplatz, eher bereit zum Ertragen von Unannehmlichkeiten. Denn bei positiver Grundeinstellung zum Beruf wird es uns möglich, die uns übertragenen Aufgaben zu bejahen und bei ihrer Bewältigung ohne VULBA-Mechanismus auszukommen, was sich wiederum zeitsparend auswirken wird.

Ähnlich distanziert sollte das Verhältnis des Christen zu dem Geld sein, das durch Arbeit verdient wird. Paulus schreibt davon, daß jeder Arbeiter seines Lohnes wert ist, also sein Gehalt dankbar annehmen darf, ohne zu einer falschen Askese verpflichtet zu sein. Jedoch wird er das Geld und alles, was sich damit kaufen läßt, mit gefühlsmäßiger Distanz betrachten (Phil 4,12) wie Paulus, der beides konnte, satt sein und Mangel haben. Dies bedeutet in der heutigen Situation konkret, daß wir als Glaubende nicht dem Konsumrausch unserer Umgebung verfallen sollten. Berufliche Tätigkeit, etwa durch Überstunden oder eine Nebenbeschäftigung, die nur den Sinn hätte, den ohnehin recht hohen Lebensstandard noch weiter zu erhöhen, würde eigentlich nicht der Prioritätensetzung Gottes entsprechen. Es wäre besser, in seinem Reich verstärkt mitzuarbeiten, wo wir dringend benötigt werden, als kostbare Zeit nur zum Geldverdienen einzusetzen, solange keine Notlage uns dazu veranlaßt. Vor allem sollte das Reich Gottes immer dann den Vorrang haben, wenn zwischen beidem ein Zeit-Konflikt entsteht.

Anders verhält es sich jedoch bei der Wahrnehmung von Verpflichtungen, die wir mit unserer beruflichen Anstellung verbindlich übernommen haben. Solche Aufgaben sind natürlich stets gewissenhaft zu erfüllen. Wir dürfen sie nicht einfach schwänzen, womöglich noch mit einem Verstoß gegen das Arbeitsrecht, wenn uns christliche Termine oder Daueraufgaben wichtiger zu sein scheinen. Hier gilt vielmehr, was Jesus über Gott und den Kaiser gesagt hat, nämlich daß wir jedem von beiden geben sollen, was ihm zukommt (Mt 22,21).

Natürlich gibt es für den, der selbständig tätig ist oder leitende Verantwortung trägt, hier immer wieder Abgrenzungsschwierigkeiten; denn es unterliegt oft seiner eigenen Entscheidung, welche Dinge er aufgreifen will und welche nicht, wo er also die Grenzen seines Arbeitspensums setzt. Hier ist neben Einsatzfreudigkeit und Verantwortungsbewußtsein ein hohes Maß an Zeit-Gefühl für die jeweilige eigene Lebenssituation erforderlich, um Überforderung wie Leerlauf gleichermaßen zu vermeiden. Wer psychisch gesund ist, wird eigentlich nicht durch die Menge der Arbeit erdrückt, sondern eher durch emotionale Probleme, die sie mit sich bringt: Ärger, Konflikte, Angst vor persönlichem oder wirtschaftlichem Mißerfolg,

Konkurrenzgefühle, dauerhafte Überforderung, ethisch-moralische oder gar juristische Schwierigkeiten bis hin zur Angst vor dem Staatsanwalt, Perfektionsmus, fehlende Bereitschaft zum Delegieren usw.

Aus solchen Ursachen, weniger aus der Menge der Arbeit, entstehen die sogenannten Managerkrankheiten. Es liegt daher auf der Hand, wie sie zu vermeiden sind: durch regelmäßige, tägliche Bestandsaufnahme nicht nur unseres persönlichen Zeit-Haushalts, sondern auch unserer menschlichen Gesamtsituation auf allen Ebenen – beruflichen, gesellschaftlichen und privaten – einschließlich der erwähnten Belastungen. Der Christ hat das Vorrecht, gerade diese Probleme im Gebet sehr konkret – unter Nennung der Namen und Sachverhalte – an Gott weiterzugeben und sich durch seine Kraft von den Lasten, die ihn bedrücken, befreien zu lassen. Das Neue Testament lädt uns geradezu ein, alle unsere Sorgen auf ihn »zu werfen« (1. Petr 5,7). Wer dies täglich tut, gegebenenfalls Vergebung für seine Schuld und Liebe zu den Mitmenschen erbittet – und sei es in der Form von Feindesliebe –, dem wird auch die Kraft geschenkt, mit ihnen liebevoll und in der Sache erfolgreich umzugehen. Diese Kraft wird dann für ihn eine entscheidende Hilfe bei den anstehenden Sachproblemen sein.

All dies hat erstaunlich viel mit unserem Zeitbedarf während eines Tages oder Jahres zu tun, da ja jede Tätigkeit viel glatter und zeitsparender verläuft, wenn sie von emotionalen Belastungen frei ist und Freude bereitet. Es kommt hinzu, daß wir bei genauer Kenntnis unserer eigenen Motive unser Arbeitspensum gewiß an manchen Stellen »verschlanken« können, wo wir Dinge tun, die sich bei genauerer Betrachtung unserer Motive als überflüssig herausstellen und nicht dem Bewußtsein eines klaren Auftrags entspringen.

Unsere Gesellschaft ist darauf angewiesen, daß ein größerer Teil ihrer Bürger außerberuflich sich für andere

Menschen einsetzt. Jeder Elternbeirat, jede berufsständische oder karitative Organisation lebt davon, jeder gemeinnützige Verein und viele weitere Kreise bis hin zu unseren demokratischen Parteien mit dem wichtigen Beitrag, den hier Frauen und Männer für die Erhaltung des Staates leisten. Schließlich kann selbst ein moderner Sozialstaat weder das Personal noch die Geldmittel aufbringen, um alle notwendigen Dienstleistungen für seine Bürger, insbesondere für notleidende Minderheiten zu erbringen. Hier liegt für alle Menschen guten Willens, vor allem für uns Christen, ein weites Aufgabenfeld, bei dem leider ein ungeheuerer Mangel an Freiwilligen herrscht. Wenn auch nur zehn Prozent der rund 90 Milliarden jährlichen Mattscheiben-Stunden, die unser Volk ableistet, durch solche Formen des nützlichen Engagements ersetzt würden, so könnte bestimmt das vorhandene personelle Defizit behoben werden. Das Rote Kreuz oder die Johanniterhilfe könnten dann neben ihren Diensten im Inland vielleicht mehr Notküchen in Ruanda oder Rumänien und anderswo in Notgebieten einrichten und damit helfen, das furchtbare Flüchtlingsproblem zu mildern, von dem das 21. Jahrhundert voraussichtlich beherrscht sein wird.

Die Menschen, die dies tun könnten, sind bei uns vorhanden. Einige von ihnen haben auch bereits mit vorbildlichen Einsätzen dieser Art begonnen. Viele andere jedoch trifft man nicht im Einsatz bei Hilfsorganisationen, sondern eher bei den Disko-, Spielo- und sonstigen Theken. Das vorhandene Zeit-Kapital liegt noch weitgehend brach; denn es fehlt für Millionen von Menschen, die es anlegen könnten, an der Motivation dazu, sicher auch noch am entsprechenden Willen der Öffentlichkeit. Motiviert zu freiwilligem, liebevollem Handeln sind nur Menschen, die zuvor selbst viel Liebe empfangen haben. An solcher Liebe aber besteht im Leben vieler junger Kinder der Wohlstandsgesellschaft der größte Mangel, wenn ihre Eltern nur Geld, aber wenig Zeit für sie aufgewendet und ihnen vielleicht eine Mentalität vorgelebt haben, bei der jeder nur an sich und sein materielles Fortkommen denkt.

Daher ist es notwendig, daß Menschen in Verantwortung vor Gott bereit sind, trotz der erwähnten Ungleichgewichte in der Zeitverteilung hier mit gutem Beispiel voranzugehen und neben ihrer Arbeit im Beruf sich auch in der Gesellschaft für dringende Probleme ihrer Mitmenschen einzusetzen. Denn nur so, durch modellhaftes eigenes Verhalten und viel verständnisvolle Liebe, werden wir auch andere zu entsprechendem Engagement ermuntern können. Auf der Suche nach der Zeit und ihrer verantwortlichen Verwendung dürfte hier, dem Umfang nach betrachtet, die größte ungelöste Aufgabe liegen.

3.6 Schlaf

Den Schlaf betrachten wir in aller Regel als etwas ganz Naturhaftes. Wir wissen, daß wir ihn täglich brauchen, und unsere zunehmende Müdigkeit am Abend erinnert uns an diese Notwendigkeit. Wer nicht gerade unter Schlafstörungen leidet, empfindet den Schlaf als wohltuend und steht, nachdem er ihn vielleicht sieben oder acht Stunden lang genossen hat, am Morgen erfrischt wieder auf.

Von der Zeit zwischen Einschlafen und Erwachen wissen wir vielleicht danach nur noch, daß wir besonders tief geschlafen oder daß wir dies oder jenes geträumt haben, soweit wir uns daran noch erinnern können.

Und doch ist der Schlaf kein ganz so einfacher, vor allem auch kein nur rein biologischer Vorgang. Er ist gewiß eine besondere Gabe an uns Menschen, die zur Regeneration unserer Kräfte, der körperlichen wie der geistigen und vor allem der psychischen, erforderlich und geeignet ist. Das Unterbewußtsein findet ein paar Stunden Zeit, um in Ruhe die Probleme des wachen Tages zu verarbeiten. Sie sehen in aller Regel anders aus, wenn wir sie erst einmal »überschlafen« haben. Zu Recht schreibt der Psalmist (Ps 127,2), daß Gott seinen Freunden im Schlaf gibt, weshalb andere vom frühen Morgen bis zum späten Abend mühsam schuften. Denn die Ausgeglichenheit eines ausgeschlafenen, von Gott erfrischten Geistes ist nicht durch noch so emsige Machenschaften des von Gott entfremdeten Menschen zu ersetzen. Daher schrieb Matthias Claudius von »einer stillen Kammer, da ihr des Tages Jammer verschlafen und vergessen sollt«. Zu Recht schrieb Hanns Lilje, der spätere Landesbischof, über seine Zeit im Gestapo-Gefängnis, als er mit seiner Hinrichtung rechnete und sich tagsüber auf den Tod vorbereitete, von dem erquickenden Schlaf jener Nächte »als einer Art, Gott zu loben«.

Erst vor wenigen Jahren wurde der Roman »Schlafes Bruder« des jungen Österreichers Robert Schneider zu einem Bestseller, weil er dieses Thema aufgriff. Ein leidenschaftlich und unglücklich Verliebter, der mit seiner musikalischen Genialität an den Umständen seiner primitiven, dörflichen Umgebung scheitert, versteigt sich in die Wahnvorstellung, nur im ununterbrochenen Wachzustand wäre seine Liebe echt. So versucht er, sich mit allerlei Zwangsmitteln am Schlafen zu hindern, was zu einem langsamen, qualvollen Selbstmord führt.

Vielleicht sind Millionen von Lesern dieses Romans, der inzwischen auch als Oper, Operette und Film verarbeitet worden ist, deshalb so fasziniert und ergriffen, weil sie sich tief im Unterbewußtsein von seiner These über den Schlaf bewegt fühlen. Wer hätte nicht schon einmal über die Ähnlichkeit zwischen Schlaf und Tod gegrübelt, zumal auch der Schlaf das Wachbewußtsein ausschaltet und uns in eine andere Welt versetzt!

»Das mit der Liebe sieht die heutige Jugend anders«, sagte Dummke. »Wenn einer leidenschaftlich verliebt ist, dann wird es vorkommen, daß er nachts immer an die Geliebte denken muß und nicht schlafen kann. Aber wenn er

dann doch endlich müde wird, dann wird er sich nicht gewaltsam mit Medikamenten wach halten.« Aber Schlauke meinte, sein Freund Dummke hätte nicht ganz verstanden, was Schneider hier sagen will.

Mit dem Schlaf ist es ähnlich wie beim Rückenschwimmen: Man genießt beides eigentlich nur dann, wenn man eine Art Urvertrauen hat, das es einem ermöglicht, sich in ein fremdes Element fallen zu lassen. Ist dieses Urvertrauen irgendwie beeinträchtigt, so wird der Mensch wohl eher unter Schlafstörungen leiden und eine längere Einschlafphase benötigen, weil sein Wachbewußtsein gewissermaßen nur mit hinhaltendem Widerstand abtritt.

Übrigens: Auch Jesus konnte gut schlafen. Offenbar war er während eines Sturms auf einem schwankenden Boot in tiefen Schlaf versunken, während seine Jünger um ihn herum in Angst und Panik gerieten (Mt 8,24ff.).

Kein Wunder, daß das Schlafbedürfnis erwachsener Menschen sehr unterschiedlich ist. Von hellwachen Geistern wie Napoleon wird berichtet, daß sie mit vier Stunden Schlaf pro Tag auskamen. Hochbegabte Kleinkinder erscheinen mitunter um zwei Uhr nachts am Bett der Mutter oder des Vaters, weil irgendeine geistreiche Frage sie nicht losläßt. Umgekehrt gibt es Menschen, die neun oder gar zehn Stunden täglichen Schlaf zu benötigen scheinen. Entsprechend behutsam muß man also alle Aussagen über die Zeit-Dimension des Schlafes formulieren.

Die moderne Schlaf-Forschung hat trotz dieser Unterschiede, die es anzuerkennen gilt, eine Reihe von neuartigen Entdeckungen gemacht, über die man sich z. B. in dem Buch WHY WE NAP (Birkhäuser-Verlag, 1992), herausgegeben von dem bekannten Schlaf-Forscher E. Scampi, ausführlich informieren kann. Experimente haben gezeigt, daß jeder Mensch ein bestimmtes Quantum Kernschlaf benötigt, dessen Entzug zu schweren gesundheitlichen Schäden führen würde, nicht nur im

Roman von Schneider. Dieser Kernschlaf erfordert erstaunlicherweise bei den meisten von uns nur vier bis fünf Stunden pro Tag. Die restlichen Stunden, so meinen die Forscher, verbringen wir im Bett aus kulturgeschichtlich bedingten Gründen; sie stellen also eine Art Kulturschlaf dar, der biologisch und psychologisch im Grunde nicht notwendig wäre. Zwar wäre es kaum möglich, von einem Tag auf den nächsten diesen Kulturschlaf zu streichen, weil unser Organismus durch jahrzehntelange Gewöhnung auf ihn eingestellt ist und auf revolutionäre Veränderungen mit Entzugserscheinungen reagiert. Dennoch haben Experimente gezeigt, daß unter bestimmten Bedingungen eine allmähliche Reduktion des Kulturschlafs (natürlich nicht des Kernschlafs!) ohne gesundheitliche oder psychische Schäden und ohne Nachlassen der Leistungsfähigkeit möglich ist. Hier mag in der Tat noch ein Zeit-Reservoir für solche Menschen liegen, deren äußere und innere Lebensumstände sie dazu motivieren.

Von besonderem Interesse in diesem Zusammenhang ist die Entdeckung, daß der Mensch offenbar von der Natur nicht nur den 24-Stunden-Zyklus für seinen Schlaf einprogrammiert bekommen hat, sondern weitere, kürzere Zyklen, von denen der wesentlichste ein Vier-Stunden-Zyklus zu sein scheint. Dies bedeutet, daß unser Körper durchaus darauf eingestellt ist, alle 12 Stunden oder gar alle vier Stunden statt nur alle 24 Stunden zu schlafen. Das Überraschende: Je gleichmäßiger sich der Schlaf auf diese Weise über den Tag verteilt, desto geringer ist der Gesamtbedarf. Das Standard-Beispiel aus der Geschichte ist auf diesem Gebiet Leonardo da Vinci, von dem berichtet wird, daß er in der Tat alle vier Stunden geschlafen hat, und zwar reichten bei ihm jedesmal 15 Minuten, also 90 Minuten pro Tag.

Im Sinne eines einfachen Modells mag man sich diesen Vorgang so vorstellen, als ob die Müdigkeit ein Schadstoff wäre, den der Körper im Wachzustand erzeugt und im Schlaf abbaut. In diesem Bild ausgedrückt, bedeuten offenbar die Erkenntnisse der neueren Schlaf-Forschung, daß der Schlafvorgang bei Beginn pro Minute erheblich mehr von diesem Schadstoff abbaut als später und daß daher vielleicht die ersten 15 oder 30 Minuten des Schlafs die effizientesten sind. Daher reichten bei Leonardo sechs solche Anfangsphasen aus, um die gesamte Müdigkeit eines Tages abzubauen.

»Ich habe eine Idee«, meinte Dummke, »ich lasse die ganze Nacht über alle 30 Minuten meinen Wecker klingeln. Dann werde ich kurz wach, fange gleich eine neue Anfangsphase im Schlaf an und habe dann nach sechs solchen Phasen ausgeschlafen, also schon nach drei Stunden. Komme ich dann in das Guinness-Buch der Rekorde?« Aber Schlauke meinte, deswegen würden die Forscher ja vom Vier-Stunden-Zyklus berichten: Schneller als nach vier Stunden konnte nicht einmal Leonardo die nächste Anfangs-Phase schaffen: »Wie ich dich kenne, würdest du bestimmt etwas länger brauchen.«

Natürlich könnte ein abrupter Versuch eines Lesers, es Leonardi da Vinci im Schlafen gleichzutun, genauso enden wie bei Schneiders Romanhelden. Wohl aber zeigen auch die Erfahrungen von ganz gewöhnlichen Sterblichen, daß es einen Gewinn an Zeit und Frische bringen kann, öfter als einmal am Tag zu schlafen und in wenigen Minuten eine Menge Müdigkeit abzubauen. Bei mir hat diese Gepflogenheit vor allem vor Abendvorträgen in fremden Städten gute Wirkungen gehabt, auch wenn es nur 15 Minuten Schlaf im Flugzeug, in der Bahn oder am Steuer des geparkten Wagens waren. Die Erkenntnisse der Schlaf-Forschung lassen sich also selbst dann mit Erfolg anwenden, wenn man nicht in erster Linie den Schlafbedarf verringern, sondern die Einsatzfrische steigern möchte. Beides tritt dann ein, wie die Erfahrung zeigt.

Gerade beim Schlaf zeigt sich wie auf vielen anderen Gebieten, daß der qualitative Aspekt der Zeit – ihre tiefe Erfüllung – und der quantitative ineinandergreifen. Denn wichtig ist, daß wir in einer guten geistlichen Verfassung zu Bett gehen, die Sorgen noch vor dem Einschlafen betend an Jesus Christus weitergeben, Schuld, Konflikte, Aufregungen des Tages zu ihm bringen und uns dann unmittelbar in seine Hände fallen lassen. Dies mag keine Patentantwort auf alle medizinischen Probleme sein, die mit eventuellen Schlafstörungen zusammenhängen und sicher von Fachleuten gut behandelt werden können; aber für den Normalfall kommt es auf diese geistliche Schlafhygiene an. Auf der Suche nach der Zeit spielt der Schlaf nicht deswegen eine so bedeutende Rolle, weil es Methoden geben mag, um ihn auf das gesunde Maß zu reduzieren und dadurch Zeit zu gewinnen: viel wichtiger ist die Erfahrung, daß uns durch gesunden, von Gott erfüllten Schlaf Kräfte und manchmal auch Erkenntnisse zufließen, die sich dann im Wachzustand günstig auswirken. Wenn wir anschließend frisch und einsatzfähig sind, so daß uns die Dinge flott von der Hand gehen, so wirkt sich das günstig auf den ganzen Tag aus. Wenn man so will, dann darf man sagen, daß guter Schlaf auf diese Weise indirekt zu echter Zeitersparnis führt – vorausgesetzt natürlich, daß wir uns für ihn bei der Setzung unserer Prioritäten die nötige Zeit nehmen.

3.7 Besinnung und Weiterbildung

Gott ist nicht kleinlich bei der Art, wie er uns Zeit schenkt, und zwar auch Zeit zur freien Verfügung. Daß jemand unter enormem Zeitdruck steht – oder dies zumindest meint – ist nicht immer ein Zeichen für ein erfülltes oder besonders bedeutendes Leben, sondern eher vielleicht für Verzettelung und fehlende Zeit-Disziplin. Wie kommt es eigentlich, daß manche Spitzenpolitiker, manche führenden Unternehmer oder Ärzte neben ihrem zeitintensiven Beruf die nötige Muße finden, sich in philosophische Werke zu vertiefen oder ein Instrument auf Konzertniveau zu spielen oder dergleichen, während andere in ähnlicher Position in Hektik verfallen und keine Zeit haben, sich geistig mit irgend etwas zu beschäftigen, was außerhalb ihrer unmittelbaren Tätigkeit liegt?

Der Unterschied liegt wohl in der Grundeinstellung zur Zeit. Der eine sieht nur die vielen Termine, die auf seinem Kalender stehen, und hetzt von einem zum nächsten. Der andere sieht sein Leben als Ganzes mit den verschiedenen Seiten, die es hat, und er wahrt zu den erregenden Dingen des Tages immer ein klein wenig innere Distanz, da sein Bewußtsein sie ja in einen viel größeren Zusammenhang einordnet – wie Jesus, als er während des schon erwähnten Sturms im Boot schlief.

Man kann diesen Vorgang auch unter dem Gesichtspunkt der persönlichen Entwicklung eines Menschen betrachten: Manche erreichen, wenn sie eine allgemeinbildende Schule besuchen, bereits mit dem Schulabschluß den höchsten Bildungsstandard ihres ganzen Lebens. In den Jahren und Jahrzehnten danach lassen sie ihr geistiges Interesse und ihr Aufnahmevermögen in bedauerlicher Weise verkümmern, selbst wenn sie als Experten auf einem Spezialgebiet beruflich vorankommen. Für gehobene Verantwortung in der Gesellschaft werden jedoch Männer und Frauen gebraucht, die einen weiten geistigen Horizont haben und keine solchen Experten mit eingeschränktem Gesichtsfeld sind. Fachübergreifende Allgemeinbildung ist heute mindestens so vonnöten wie je zuvor, nur daß wir dank der vorangeschrittenen Akademisierung zwar viele Spezialisten, aber wenige Gebildete in diesem Sinn haben.

Dies mag ein gesellschaftlicher Grund für den Ruf nach éducation permanente sein, wie französische Pädagogen das lebenslange Weiterlernen genannt haben. Wichtig ist, daß sich genügend viele Menschen weiterbilden auf Gebieten, die für ihr fachübergreifendes Wirken in der Gesellschaft wesentlich sind. In den Parlamenten, bei den Gerichten, in den Medien kommen manchmal Entscheidungen oder Äußerungen zustande, die auf erschreckende Bildungslücken ihrer Urheber schließen lassen. Z. B. schrieb ein Journalist in der Stuttgarter Zeitung 1990 zur deutschen Wiedervereinigung: »Wer hätte je gedacht, daß Deutschland einmal in den Grenzen des Bismarck-Reiches (!) wiedervereinigt werden würde?« Ihm fehlten offenbar die einfachsten historischen und geographischen Kenntnisse über das Bismarck-Reich, die deutschen Gebietsverluste nach dem Ersten Weltkrieg und die nochmalige starke Verkleinerung unseres Landes nach dem Zweiten Weltkrieg.

Aber zu diesem gesellschaftlichen Grund kommt ein viel persönlicherer hinzu: Wer sich nach begonnener geistiger Entfaltung nicht geistig weiterbildet, bei dem verkümmert irgend etwas von seiner Persönlichkeit. Ihm fehlen wichtige Impulse für den Umgang mit der Zeit. Vielleicht leidet er dann, wenn er zuvor keine geistigen Interessengebiete für diese Lebensphase vorbereitet hat. Wer längere Jahre kein weiterführendes Buch mehr gelesen hat, dem wird dies zunehmend schwerer fallen, auch wenn er eines Tages besonders viel Zeit dafür hätte.

Es kommt hinzu, daß wir ein gewisses geistiges Gegengewicht zu unserem beruflichen Hauptgebiet brauchen. Wer immer nur mit technischen Daten zu tun hat, für den ist vielleicht gerade musische Weiterbildung besonders wertvoll, während ein Theologe von einer Einführung in die Informatik oder in die mathematische Logik profitieren mag. In Einzelfällen geschieht dies erfreulicherweise – mit breit gefächerten Interessengebieten. Ich denke an einen Juristen, der Spezialist für Kulturgeschichte der

Toskana wurde, an einen Informatiker, der sich mit arabischer Sprache befaßte, ebenso wie an einen Theologen, der nach seiner Pensionierung diplomierter Fremdenführer seiner Heimatstadt wurde und dieses Amt auch von Fall zu Fall ausübt. Ich denke an den Universitätsmathematiker in Marseille, der im Zweitberuf Unfallarzt und als solcher an bestimmten Wochenenden im Einsatz ist. So manche ähnlich originelle Beispiele ließen sich hier noch anfügen.

Für die Christen gibt es noch einen weiteren, geistlichen Grund. Vor Jahrzehnten noch brüsteten sich manche unter ihnen, sogar solche in leitender Verantwortung, daß sie noch nie ein Theater besucht, noch nie einen Gedichtband von Mörike oder Rilke gelesen, vielleicht noch nie eine Gemäldegalerie betreten hatten, weil ihnen dies alles sündhaft und weltlich vorkam. Inzwischen haben ihre Nachfolger jedoch eingesehen, daß die christliche Auffassung von der Kultur eine andere ist, nämlich diejenige, die alles kritisch prüft, um das Gute zu behalten (1. Thess 5,21) und um sich nachdenkend mit dem Teil ihrer Werke auseinanderzusetzen, der ethisch wertvoll ist (Phil 4,8).

Wo einer als Christ immer nur die Bibel und nie ein anderes Buch liest und sich vielleicht nicht einmal anhand einer guten Tageszeitung oder Wochenzeitschrift über die wichtigsten Vorgänge und Entwicklungen in der Welt informiert, da mag er vielleicht bald ein guter Bibelkenner sein; jedoch wird er wenig Gesprächsstoff für seine normalen Mitmenschen haben, und vielleicht werden sie seine fromme Sprache wie eine Fremdsprache empfinden. Paulus dagegen konnte sich selbst in Athen gegenüber den Philosophen in ihrer Sprechweise ausdrücken, um ihnen so Christus zu bezeugen.

Natürlich sollte für einen Glaubenden die Besinnung und Weiterbildung auf biblisch-christlichem Gebiet beginnen. Die besten Bibelkommentare, die besten christlichen Bücher und Zeitschriften sind dafür gerade gut genug. Denn sie helfen ihm, das Wort Gottes besser zu verstehen und in die verschiedenen Bereiche des heutigen Lebens wie Ehe, Schule, Sport, Politik usw. umzusetzen. So entstehen wertvolle Hilfen für sein eigenes Leben und ebenso zur Weitergabe in den verschiedenen Personenkreisen im Reich Gottes, in denen er Mitverantwortung trägt.

Aber nicht nur diese Ebene ist gemeint. Wir dürfen nie vergessen, daß wir auch als Christen natürliche Menschen sind und daß Gott uns zu einer harmonischen Entwicklung möglichst aller Seiten unserer Persönlichkeit verhelfen möchte. Dazu gehört bei denen, die geistige Talente mitbekommen haben, auch gerade diese Seite, die man in unserer Sprache mit dem tiefsinnigen, typisch deutschen Wort Bildung beschreibt, die Formung einer Persönlichkeit in der Begegnung mit den besten geistigen und künstlerischen Inhalten, die die Kultur hervorgebracht hat. Zunächst mag es sich um die eigene Kultur handeln – denn das gehört zur Identitätsfindung eines Menschen –, doch dann auch um andere Kulturen – denn das gehört zur gebotenen Weltoffenheit und zum Verständnis unserer Mitmenschen. Solche Bildung und Besinnung ist wertvoll und faszinierend, wenn sie in die Tiefe geht. Man sollte sie nicht mit oberflächlicher Zerstreuung verwechseln und auch nicht nur dem Zufall überlassen. Es gilt, für die Möglichkeiten dankbar zu sein und ihnen einen angemessenen Platz in der Liste der Prioritäten einzuräumen. Bei der Suche nach der Zeit ist auch hier weniger die Quantität als vielmehr die Qualität und erlebte Tiefe entscheidend, mit der wir uns ein Leben lang von dem bilden lassen, nach dessen Ebenbild wir geschaffen sind.

3.8 Entspannung und Erholung

Auch Erholung und Entspannung sind ein wichtiger, guter, von Gott gewollter Teil unserer Zeit. Wenn Christen keine Erholung finden und vielleicht jahrelang nie Urlaub machen, dann mag dies vielleicht ein Zeichen einer ungewöhnlichen Konstitution sein, die dergleichen nicht benötigt, vielleicht aber auch an ungenügender Planung liegen oder an Überbleibseln einer bestimmten Frömmigkeit, die diesem Menschen ein schlechtes Gewissen bereitet, immer wenn er nicht bei nützlicher Arbeit ist. Irgend etwas wäre auch dann an seiner Einstellung veränderungsbedürftig, wenn er bei seiner Tätigkeit niemals abkömmlich ist oder zu sein meint.

Das biblische Modell dagegen sieht Zeiten der Ruhe vor. Schließlich war von Anfang an der siebente Tag als Tag der Anbetung und der Ruhe vorgesehen und so dem Arbeitsleben ein Grundrhythmus gegeben. Auch bei Jesus wechselten Zeiten aktiver Tätigkeit mit solchen der Ruhe und Zurückgezogenheit ab. Überhaupt entspricht die Vorstellung von dem ständig beschäftigten Aktivisten nicht dem Bild des erfüllten, ausgeglichenen Lebens. Anders ausgedrückt: Genau so, wie Ein- und Ausatmen zusammengehören, so auch Aktivität und entspannte Erholung.

Natürlich will auch Erholung, so paradox dies klingt, sozusagen gelernt sein. Ähnlich wie beim Einschlafen und beim Rückenschwimmen besteht auch hier die Kunst im inneren Loslassen und Abschalten. Wer dazu imstande ist, der findet auf einer Urlaubsreise beim Anblick einer schönen Landschaft oder beim Lesen eines interessanten, wertvollen Buches, auf das er sich vielleicht schon lange gefreut hat, etwas von dem Genuß echter Entspannung.

Ähnliches gilt für die Art von Erholung, die wir zu Hause oder in der näheren Umgebung erleben, wenn vielleicht nur ein paar Stunden dafür zur Verfügung stehen. Je nach persönlichem Lebensstil werden die einen im

Wald miteinander spazierengehen, die anderen vielleicht eine Tour auf dem Fahrrad oder mit dem Ruderboot unternehmen oder schwimmen gehen. Wieder ein anderer treibt Sport, pflegt mit Begeisterung seinen Garten oder geht spielerisch einem für ihn interessanten Hobby nach. All dies ist zu begrüßen, wenn es zum richtigen Zeitpunkt geschieht und echter Regeneration von körperlichen, geistigen und emotionalen Kräften dient.

Beim Sport krankt unsere Kultur daran, daß einige Sportarten wie Fußball und Tennis so stark vermarktet worden sind, daß durch sie ein Kult entstanden ist. In der Tat sind die Fußballstadien die bedeutendsten Kultstätten unserer Zeit, denn nirgendwo findet sich eine so große Gemeinde von ekstatischen Anhängern wie dort. Rechnet man die Fernseh-Zuschauer mit ein, so wird diese Gemeinde an einem Wochenende größer als die Gesamtzahl derer, die sich irgendwo zu christlichen Gottesdiensten einfinden, was oft mit viel geringerer innerer Beteiligung und geringerem finanziellem Aufwand geschieht. Allerdings bleibt die Frage offen, in welchem Maß der passive Konsum von Sport echte Erholung und Entspannung vermittelt und welches die tiefen- oder massenpsychologischen Motive sind, die Menschen zu Anhängern dieses Kultes machen. Ob nicht die einfachste eigene körperliche Betätigung, und sei es auf noch so niedrigem Niveau und ohne Höchstleistungen auch nur anzustreben, einen höheren Erholungswert besitzt als die nur passive Teilnahme an einer Weltmeisterschaft?

Wer vielbeschäftigt ist, der braucht Erholung und Entspannung um so dringender. Er wird bei der Planung seiner Zeit darauf achten müssen, daß solche Freizeit nicht zu kurz kommt und am Ende aus Termingründen ausfällt. Eine größere Urlaubsreise muß dann lange im voraus geplant sein, besonders wenn es sich um ein Ehepaar mit zwei recht vollen Terminkalendern handelt, damit es beiden möglich ist, diese Zeit auch wirklich von anderen Verpflichtungen freizuhalten.

Dummke freute sich, daß er den Abend frei hatte. Er wollte sich von den Anstrengungen des Arbeitstages erholen, und so verbrachte er mit seiner Frau 4 Stunden und 20 Minuten auf einer Tanzveranstaltung. Um ein Uhr nachts kamen sie vom Tanzen erschöpft und vom Nikotinqualm benebelt mit dröhnendem Trommelfell nach Hause. Am nächsten Tag war er im Geschäft irgendwie müde. Seine Arbeit verlief schleppend und fehlerhaft. Ob das am Ende doch nicht die beste Erholung gewesen war?

Offen gesagt, unsere Gesellschaft leidet daran, daß viele Leute zwar freie Zeit haben, aber kaum wertvolle Freizeit daraus zu gestalten verstehen. Sie stürzen sich entweder in Dinge, die zusätzliche Belastungen für sie bringen, oder sie schalten in einer Weise den geistigen und emotionalen Leerlauf ein, daß sie letztlich unter Langeweile leiden und insgeheim das Ende des Urlaubs herbeisehnen, damit endlich wieder etwas los ist, was sie vor der Stille bewahrt. Sie meiden im Grund die Art Erholung, in der die Seele Ruhe und Klärung finden würde. Es ist so, als ob jemand die Stimme eines guten Freundes, die halblaut über Wesentliches mit ihm reden will, durch schrille Musik aus einem Koffer-Radio übertönen wollte. Insofern ist Müßiggang nicht dasselbe wie Muße, räumliche Fortbewegung nicht das gleiche wie Reisen und das Fehlen von beruflicher Arbeit an einem Tage nicht das gleiche wie echte Erholung. Auf der Suche nach der Zeit kommt es aber darauf an, sie wirklich zu finden und ihren tieferen Sinn zu genießen.

4. ZEIT UND EWIGKEIT

4.1 Sein zum Tode? Heideggers Halbwahrheit

Im Abschnitt 1.3 haben wir über Martin Heidegger gesprochen, der wohl nachhaltiger als jeder andere Denker im 20. Jahrhundert über das Verhältnis des Menschen zur Zeit nachgedacht hat. Tiefer als andere hat er verstanden, daß der Mensch ohne Orientierung auf die Zukunft gewissermaßen nur dahinvegetiert, nicht aber wirklich existiert. Dabei führte diese tiefsinnige Daseinsanalyse Heideggers naturgemäß auf den Tod als die Grenze menschlichen Seins. Weil der Tod das sicherste Ereignis meiner Zukunft ist, ist mein Dasein ein Sein zum Tode, meinte er. Mit dem Tode fällt der Mensch in das Nichts; hier ist die absolute Grenze.

Die verbleibende Zeit bis zum Tod wird ständig kürzer, und das Schwinden möglicher Zukunft wird vom Menschen, so meinte Heidegger, mit Angst vor dem Nichts wahrgenommen. Dabei machte er einen philosophischen Unterschied zwischen Furcht, die sich auf einen konkreten Gegenstand bezieht (z.B. eine bevorstehende chirurgische Operation oder akademische Prüfung), und der viel grundsätzlicheren Angst, deren »Gegenstand« das drohende Nichts ist.

Heidegger bemühte sich um eine Philosophie, die diese Angst nicht leugnet oder verdrängt, sondern bejaht und verarbeitet. Aber eine echte, positive Zukunftshoffnung konnte dabei nicht entstehen, wenn der Tod als absolute Schranke aufgefaßt wurde. Daher war es eigentlich kein Wunder, wenn einzelne Heidegger-Schüler wie vor allem Jean Paul Sartre von seiner Philosophie nur die pessimistischen Töne mit nach Frankreich nahmen: das Leben ist absurd und sinnlos, zumal der Tod es ohnehin bald zerstört. Leben heißt daher, die Leere und Langeweile bis zum Tod recht und schlecht zu überbrücken. So entstand als Stiefkind der Existenzphilosophie der düsterer gefärbte Existentialismus, wie er in West-Europa den Zeitgeist der ersten Phase nach 1945 prägte.

Noch heute teilen viele, zumindest unbewußt, Heideggers Verständnis des Daseins als Sein zum Tode, auch wenn sie sich nicht mit Existenzphilosophie befaßt haben. Die Angst vor dem Nichts sitzt Millionen von Menschen im Nacken, gerade auch solchen, die jahrzehntelang aufgrund von Erfolgserlebnissen auf verschiedenen Gebieten ihres Lebens die Frage nach dem Wert des Ganzen angesichts des Todes vor sich hergeschoben haben. Sie bricht jedoch in den meisten Fällen um so brennender und quälender auf, je älter ein Mensch wird und je deutlicher sich der bevorstehende Tod abzeichnet.

Was bleibt von einem erfolgreichen Leben übrig, wenn sein Träger stirbt? Manchen ist es vergönnt, daß ihr Name dann in den Geschichtsbüchern steht und von künftigen Generationen zur Kenntnis genommen wird. Manche hinterlassen bahnbrechende wissenschaftliche, literarische oder künstlerische Leistungen, die von anderen noch längere Zeit hindurch beachtet werden. Andere haben sich zu Lebzeiten wirtschaftlich um eine Firma oder einen ganzen Industriezweig so verdient gemacht, daß der unmittelbare Nutzen für viele Menschen daraus auch nach ihrem Tode noch andauert. Wieder andere sterben in dem Bewußtsein, Kinder und Enkel zu hinterlassen, also ihre Gene an künftige Generationen weiterzugeben. Aber es mag sein, daß bei Oskar oder Erna Normalmensch keine dieser Beschreibungen zutrifft. Sollen sie dann dem Tod »gefaßt« entgegensehen, weil das Leben möglicherweise manches Schöne gebracht hat und man daher nicht traurig sein soll, wenn es eines Tages zu Ende geht? Da ist

Heideggers Antwort ehrlicher als alle soeben erwähnten.

Bei vielen unserer Mitmenschen hat dieser Zeit-Horizont zu einer Verflachung ihres Verständnisses vom Leben geführt. Ihre Perspektive hat sich noch weiter verkürzt, als es sich aus dem Grund-Tenor des Seins zum Tode ohnehin ergibt. Wenn dieses Leben das einzige ist, so meinen sie, daß man es ichbezogen genießen sollte. So schreibt Reinhold Stecher, der Bischof von Innsbruck, in seinem Bildband »Botschaft der Berge«, Tyrolia-Verlag Innsbruck-Wien 1994: »Wir sind Menschen des Augenblicks geworden, bedacht auf seinen Nutzen und Vorteil, fasziniert von seiner Lust, bestimmt von seiner Mode, mit wenig Sinn für den Blick auf große Ziele und wenig Verbundenheit mit dem kostbaren Erbe von gestern, einem verminderten Gespür für das zeitlos Gültige und einem tiefen Mißtrauen gegenüber der Zukunft.«

Die entscheidende Antwort auf die Verengung des Zeit-Horizonts in all ihren Formen ist die Botschaft von der Ewigkeit im Bereich Gottes, an der der Mensch teilhaben darf. Sein Leben, so wie Gott ihn geschaffen hat, endet eben nicht mit dem Tode, sondern dauert über diesen hinaus weiter, sei es in der ewigen Verbundenheit des Erlösten mit Gott, sei es in ewiger Trennung des Verlorenen von ihm. Das derzeitige, biologische Leben ist uns Menschen als Vorstufe des eigentlichen Lebens geschenkt, und die Begrenzung der Zeit-Perspektive auf das kurze Intervall zwischen Geburt und Tod beruht insofern auf einer optischen Täuschung.

Dies ist der eigentliche Inhalt der Botschaft von Jesus Christus. Er kam, um uns Menschen den Zugang zur Ewigkeit Gottes zu eröffnen und uns das ewige, das eigentliche Leben zu bringen. Mit seinem Tod nahm Jesus Christus die Schuld aller Menschen stellvertretend auf sich, gerade auch die Schuld des Verfallenseins an die Gottesferne und die daraus folgende Verflachung der Zeit-Perspektive.

Selbstverständlich sprengt diese Wahrheit jede Philosophie, und sei sie partiell noch so tiefsinnig und zutreffend. Die Wahrheit, als die Jesus Christus uns begegnet (Joh 14,6), ist jedoch keine mythisch-religiöse, sondern eine praktisch erfahrbare. Sie ist für Menschen des 20. oder 21. Jahrhunderts vielleicht leichter annehmbar als für solche aus früheren Zeiten; denn wir Heutigen haben mehr Erfahrung in der Kommunikation zwischen Partnern, die einander nicht sehen können, als andere vor uns.

Wer das Wagnis eingeht, seine Existenz in die Hände des Jesus Christus zu legen, der erfährt eine tiefgreifende Veränderung seines Bewußtseins. Er erlebt die Versöhnung und damit Herstellung des Kontakts zu Gott, so daß ihm der Zugang zur Ewigkeit eröffnet wird, und sei es einstweilen unter den noch brüchigen Rahmenbedingungen dieser Zeitlichkeit. Er erlebt, wie in den Ablauf der quantitativen, physikalischen Zeit hinein, die die Griechen chronos nannten, immer wieder ein Augenblick Gottes, in dieser Terminologie ein kairos, hineinstrahlt.

Das Großartige an dieser Urerfahrung des Glaubens an Christus ist die Veränderung des Zeit-Horizonts. Der Erlöste wird sich mehr und mehr gewiß, daß der bevorstehende Tod nicht das Ende, nicht der Fall in das Nichts ist, sondern der Große Umzug von einem vergänglichen Teil der Welt Gottes in einen unvergänglichen, von einem (im physikalischen Sinn) sichtbaren Bereich in einen (für uns zur Zeit meistens noch) unsichtbaren.

Mag sein, daß nicht alle, die einmal ein Leben mit Jesus Christus begonnen haben, dieses neue Bewußtsein genügend entfaltet haben. Vielleicht liegt dies manchmal auch daran, daß mitunter nicht einmal diejenigen, die dieses Bewußtsein eigentlich von christlichen Kanzeln aus verbreiten und fördern sollten, selbst die entsprechende Ur-Gewißheit erfahren haben und daher sozusagen lieber Heidegger, Sartre oder Marx predigen als Jesus

Christus, also allenfalls eine auf das Diesseits bezogene, am Ende trügerische Hoffnung verkünden. Statt jedoch bei solcher Kritik stehenzubleiben, sind alle, die die Hoffnung auf das ewige Leben kennen, aufgefordert, in der derzeitigen Gesellschaft davon etwas glaubhaft zu bezeugen und vorzuleben.

Denn die praktischen Konsequenzen des erweiterten Zeit-Horizonts im Alltag der Glaubenden sind die beste Hilfe für Suchende. Der erlöste Mensch nämlich wird frei von der Angst vor dem Tod, da er die Vorfreude auf die Ewigkeit immer stärker empfindet, so daß er sie mit Spannung erwartet. Sein Umgang mit der Zeit wird von der Geborgenheit in Gott so geprägt, daß er eine gelassene Ruhe ausstrahlt und seine Prioritäten erkennbar danach setzt, welchen Wert die einzelnen Inhalte über den Tod hinaus, für das Reich Gottes haben, sowohl für den betreffenden Menschen selbst als auch vor allem für andere, an die sein derzeitiger Auftrag sich wendet. Der erlöste Mensch wird frei von der Hektik dessen, der meint, in der kürzer werdenden Restzeit des irdischen Lebens noch alles Mögliche erreichen zu müssen. Er weiß vielmehr, daß ihm danach für Dinge, die wesentlich sind, ein unbegrenzter Zeitraum, eine Ewigkeit Gottes zur Verfügung stehen wird und daß es darauf ankommt, sich heute sehr zielbewußt auf sie vorzubereiten. Die hektische Suche nach der Zeit hört mitten im Leben auf, wenn ein Mensch die Ewigkeit findet und für den Rest seiner Jahre in ihr geborgen ist, so daß er Ruhe ausstrahlt.

Leider sind die biblischen Begriffe von Paradies, Himmel und Hölle durch so viel Folklore vorbelastet, daß sich viele etwas völlig Falsches darunter vorstellen, angeregt vielleicht durch mittelalterliche Gemälde, auf denen die Engel Gänseflügel haben. Wir sollten uns von diesen Vorstellungen frei machen und um so aufmerksamer zur Kenntnis nehmen, was die Bibel tatsächlich über die unsichtbare Welt Gottes sagt. Damit wir, wenn für uns selbst demnächst einmal der Tag des Großen Umzugs kommt, ihn nicht gänzlich unvorbereitet erleben. Für uns heutige Menschen greift immer beides ineinander: das Geschichtshandeln Gottes und die irdische Geschichte, die Lebensführung durch Gott und die eigenverantwortliche Lebensgestaltung; seine Zielsetzung für uns und eigene Ziele, die dadurch oftmals korrigiert werden, seine Ewigkeit und unsere Zeit. Der Liederdichter Jochen Klepper meinte dies, wenn er zum Beginn eines neuen Jahres schrieb:

Der du die Zeit in Händen hast,
Herr, nimm auch dieses Jahres Last
und wandle sie in Segen.
Nun von dir selbst in Jesu Christ
die Mitte fest gewiesen ist,
führe uns dem Ziel entgegen.

Da alles, was der Mensch beginnt,
vor seinen Augen noch zerrinnt,
sei du selbst der Vollender!
Die Jahre, die du uns geschenkt,
wenn deine Güte uns nicht lenkt,
veralten wie Gewänder.

Wer ist hier, der vor dir besteht?
Der Mensch, sein Tag, sein Werk vergeht:
nur du allein wirst bleiben.
Nur Gottes Jahr währt für und für,
drum kehre jeden Tag zu dir,
weil wir im Winde treiben.

Der Mensch ahnt nichts von seiner Frist.
Du aber bleibest, der du bist,
in Jahren ohne Ende.
Wir fahren hin durch deinen Zorn,

und doch strömt deiner Gnade Born
in unsre leeren Hände.

Und diese Gaben, Herr, allein
laß Wert und Maß der Tage sein,
die wir in Schuld verbringen.
Nach ihnen sei die Zeit gezählt;
was wir versäumt, was wir verfehlt,
darf nicht mehr vor dich dringen.

Der du allein der Ewge heißt
und Anfang, Ziel und Mitte weißt
im Fluge unsrer Zeiten:
bleib du uns gnädig zugewandt
und führe uns an deiner Hand,
damit wir sicher schreiten.

Das Leben des Menschen als Sein zum Tode? Eine gigantische Halbwahrheit; denn so sehr diese zutrifft für Menschen ohne Verbindung zu Gott, so sehr gilt für die Erlösten, daß ihr Leben ein Sein zur unvergänglichen Ewigkeit ist.

4.2 Quarzuhr und ewiges Leben

Dummke lag im Krankenhaus. Und da er spürte, daß seine Zeit – jedenfalls die irdische – sich ihrem Ende näherte, suchte er sie immer noch festzuhalten, so gut er konnte. Mit der Hand umklammerte er seine Quarzuhr und schaute in kurzen Abständen auf die Minuten- und Sekundenanzeige. Es war Nacht, kurz nach 4 Uhr, und die Zeit schien davonzurasen. In seinem geschwächten Zustand fiel es ihm schließlich leichter, auf die große Uhr im Flur der Krankenstation zu schauen, die man durch die Glasscheibe über der Zimmertür im matten Schein der eingebauten

Beleuchtung ziemlich deutlich erkennen konnte. Es war 4:08:30, also vier Uhr, acht Minuten und dreißig Sekunden in der Sprechweise der Zeitansage beim Telefon, die Dummke so gut vertraut war. Da hörte er eine bekannte Stimme, die offenbar aus dem Lautsprecher kam. Das war doch Schlauke; aber der war ja vor fünf Jahren gestorben! »Freu dich«, sagte er; »jetzt kommt für dich der Große Umzug. Ich soll dir sagen, daß der Countdown schon läuft. Du wirst um 4:12:00 Uhr eurer Zeit an der nächsten Eingangsstelle erwartet. Man hat mich gebeten, dich abzuholen und dann in den Bereich 1 zu bringen.« Zunächst durchzuckte Dummke noch ein Anflug von Panik. Der Minutenzeiger auf dem Flur schien immer schneller zu werden. Und ein Mann im vornehmen Anzug mit Hut, Dummkes Wunsch-Ich von früher, huschte über das Zifferblatt. In seiner Verzweiflung warf er mit einem Lasso nach dem Zeiger, konnte aber die Zeit nicht einfangen.

Unterdessen fiel Dummke seine Quarzuhr aus der Hand, die sich langsam entspannte, auf das Bettlaken. Währenddessen sah er an der weißen Zimmerwand einen Film ablaufen, den Film seines Lebens. Um 4:09:00 war er als das Baby, dann als Kleinkind bei den Großeltern, den Teddybär auf dem Arm... Als es 4:09:20 war, sah er sich als Schüler in der Turnhalle vom Hochreck fallen und spürte wie damals Schmerzen in der linken Brustgegend.... Ein paar Sekunden später war er bei der Bundeswehr und blamierte sich bei der ersten Tauchübung, so daß alle über ihn lachten... Um 4:10:15 stand er mit Erna vor dem Traualtar und antwortete laut mit ja, was seinen Bettnachbarn für ein paar Augenblicke aus dem Schlaf weckte. Um 4:10:25 war Dummke mit Frau und den beiden kleinen Kindern am Strand von Mallorca und hörte Sabine um Hilfe schreien... Er stürzte hinter ihr her ins Wasser und konnte sie noch vor dem Ertrinken retten. Schließlich hatte er ja tauchen gelernt... Um 4:10:40 zeigte der Film eine schlimme, pornographische Szene, und Dummke spürte ein ganz schlechtes Gewissen. Aber Schlauke sagte: »Du weißt doch, daß du dich für Jesus Christus entschieden hast und daß er dir alles vergeben hat. Wir haben doch damals gemeinsam gebetet und Gott dafür gedankt, daß er dich angenommen hat, weil Jesus Christus auch für dich gestorben und auferstanden ist. Vergiß nicht, daß dein ewiges Leben schon damals angefangen hat!«

Dummke war in Tränen wegen all dem, was er in den letzten Jahrzehnten an ewigem Leben versäumt hatte. Um 4:11:00 sah er, wie er damals ein neues Leben mit Gott begann. Wie er jeden Tag begeistert in der Bibel las, sich jeden Sonntag während der Predigt Notizen machte, wenn sie gut war. Wie er mit gleichgesinnten Freunden im fröhlichen Einsatz für die Sache Gottes war. Aber leider... Um 4:11:15 sah er sich in seinen besten Jahren. Er wurde Abteilungsleiter, und alle stießen mit Sekt an... Bald suchte er die Zeit so sehr auf seine Art, daß er für das ewige Leben kaum noch Zeit hatte. Um 4:11:25 lebte Dummke bereits im Ruhestand, und obwohl er eigentlich jetzt mehr Zeit hatte, vergeudete er sie mit lauter unnützen Kleinigkeiten, ohne das Reich Gottes an die erste Stelle zu setzen und sich auf den Großen Umzug vorzubereiten. Und um 4:11:30 sagte er zu Jesus Christus: »Vergib mir bitte, daß mir die irdische Zeit so wichtig war und ich die Ewigkeit immer mehr aus dem Blick verloren habe. Aber ich danke dir, daß ich jetzt trotzdem, wie mein Freund mir ausgerichtet hat...«

Es wurde nach und nach immer heller. Aus der Richtung der Uhr im Gang schien ein angenehmes, harmonisches Licht von einer Art, die Dummke noch nicht kannte, anders als Halogen- oder Jupiterleuchten. Indem er sich ganz auf dieses Licht konzentrierte, kam Dummke ihm immer näher. Als er schon auf dem Flur an der Decke war, unmittelbar vor der Uhr, konnte er durch die Glasscheibe über der Tür wahrnehmen, wie dort unten im Zimmer auf dem Bett sein Körper lag – mit offenen, jetzt irgendwie lächelnden Augen. Das Zifferblatt unmittelbar vor ihm wurde jetzt durchlässig, und sein kreisförmiger Rahmen erwies sich als der Eingang zu einem dunkleren, zylinderförmigen Tunnel, den Dummke durchquerte. Auf einmal war ihm klar, daß dieser Übergang ja nicht im bisherigen Raum mit seinen drei Dimensionen geschah; denn sonst wäre ja hinter der Uhr die Wand und dahinter das Stationszimmer auf der anderen Seite des Flures. Statt dessen bewegte er sich bereits in der Richtung einer vierten, bisher für ihn unsichtbaren Dimension.

»Herzlich willkommen«, sagte Schlauke am anderen Ende des Tunnels. Er hatte eine fluoreszierende, weißbeige-farbene Kleidung an und sah blendend aus, im wörtlichen wie im übertragenen Sinn. »Im Bereich 1 wirst du bereits von mehreren erwartet, die dich kennen und sich dort gerade aus den höheren Bereichen eingefunden haben.« »Und woher kommst du jetzt?« »Aus dem Bereich 3«, sagte Schlauke. »Da ist es herrlich. Ich werde gerade für den Umzug in den Bereich 4 vorbereitet, der noch viel großartiger strukturiert ist. Da würde ich mich jetzt geistig noch nicht ganz zurechtfinden. Aber Paulus hat mir einmal erzählt, wie er noch zu seinen irdischen Lebzeiten einmal vom Geist Gottes bis in den Bereich 3 gebracht wurde und dort vieles noch nicht verstand, weil seine Sprachkenntnisse damals dafür noch nicht ausreichten. Er sagt, er hätte vierzehn Jahre später der Gemeinde in Korinth davon in einem Brief berichtet, der ja auch in das Neue Testament aufgenommen wurde. Aber er hätte den damaligen und den heutigen Lesern wohl damit ziemlich viel zugemutet; denn die meisten würden es ja noch nicht begreifen können.« »Wo ist denn Paulus jetzt?« wollte Dummke wissen. »Im Bereich 7; aber er kommt immer gerne, wenn wir es wünschen, in unseren Kreis im Bereich 3, um uns zu schulen und unsere Fragen zu beantworten. Ich glaube, die müssen ihm manchmal recht dumm vorkommen.«

»Und wo ist Christus?« wollte Dummke wissen. »Er wohnt mit Gott und dem Geist im Bereich Omega. Dort ist es so hell, daß wir alle die Lichtstärke nicht vertragen würden. Aber er kommt in jeden Bereich, wo seine Gegenwart erwünscht ist – einschließlich des Bereichs 0, woher du ja gerade kommst. Und stell dir vor: nachdem er gekreuzigt war, ist er einmalig sogar in den Negativ-Bereichen -1 und -2 gewesen, also bei denen, die ihn bis dahin noch nicht kannten, und sogar bei denen, die ihn bewußt abgelehnt hatten. Sie alle hat er damals eingeladen, sich von ihm mit Gott versöhnen zu lassen, und manche haben dieses Angebot angenommen.«

Dummke spürte, wie sein geistliches Verständnis bereits zunahm. Irgendwie kam ihm das, was Schlauke sagte, auf einmal bekannt vor, so als hätte er es in der Bibel gelesen oder im Glaubensbekenntnis gelernt. Aber noch bewegte er sich ungelenkig in dem für ihn so neuen Raum, wo nicht Muskeln, sondern geistige Kraft die Fortbewegung bewirken. Jedesmal, wenn sein Denken einen Sprung machte, wurde seine Bewegungslinie sprungartig versetzt. Er mußte an seine erste Stunde beim Fahrunterricht denken, als er noch so ruckartig angefahren und der Motor ein paarmal stehengeblieben war.

»Übrigens«, sagte Schlauke, »wenn wir jetzt den Bereich 1 erreichen und deine Freunde dich begrüßt haben, dann will Jesus Christus dort hinkommen und mit dir sprechen. Er sagte, daß er einiges mit dir zu bereden hat. Und er war persönlich berührt von deinem letzten Gebet auf dem Sterbebett, als es dort 4:11:30 Uhr war. Er freut sich, daß du 30 Sekunden vor Fristablauf noch für deine schwerste Sünde Vergebung erbeten hast: den Mißbrauch der empfangenen Zeit. Und als er vorhin mit mir gesprochen hat, erwähnte er eine Erinnerung aus seiner eigenen Todesstunde im Bereich 0. Einer, der mit ihm zusammen gekreuzigt wurde, kam da noch im letzten Augenblick zur Umkehr, und Jesus Christus versprach ihm, daß er ihn noch am gleichen Tage mitnehmen würde in den Bereich 1. Genau so soll es mit dir auch geschehen, sagte er.«

Dummke war außer sich vor Freude und machte wieder ein paar Zickzack-Bewegungen im neuen Raum. »Hat Jesus denn für mich Zeit?« wollte Dummke wissen. »Er ist immer für dich da«, sagte Schlauke. »Außerdem brauchen wir hier keine Zeit mehr, da wir doch Ewigkeit haben, und die ist unerschöpflich. Zeit ist die dem Menschen von Gott zugeteilte, rationierte Form der Ewigkeit, habe ich im Bereich 2 gelernt. Es war ein besonderer, schwerer Entschluß Gottes bei der Erschaffung des Bereichs 0, den er ja als letzten von allen entstehen ließ, als Miniaturform der Ewigkeit die Zeit zu schaffen, so daß der Mensch sie mit Uhren und Kalendern messen kann. Es machte Gott richtig Spaß, die Zeit so zu strukturieren, daß sie eindimensional wurde und der Mensch darin keine Sprünge machen kann, wie man das hier in diesen Bereichen gewohnt ist. Er sollte statt dessen immer wie ein unbemanntes Schienenfahrzeug mit einprogrammierter konstanter Geschwindigkeit an einen Punkt in der Zeit festgebunden sein, den die menschliche Sprache Gegenwart nennt und den kein Mensch sich jemals selbst aussuchen darf. Gott meinte damals, das wäre leichter für den Menschen und würde ihn vor allzu großen Fehlern beim Umgang mit der Zeit bewahren. Außerdem wäre dies eine gute pädagogische Vorbereitung für das spätere Leben in der Ewigkeit, wo diese Begrenzungen wegfallen. Aber statt sich auf sie vorzubereiten und sich dort in die Ewigkeit einzuleben, wo sie in die Zeit hineinleuchtet, statt also die Verbindung mit Gott und dem Bereich Omega aufzunehmen, haben sich viele daran gewöhnt, die Zeit für absolut zu halten – trotz Einsteins Relativitätstheorie –, so als ob es keine Ewigkeit gäbe. Entsetzt ist man hier in diesen Bereichen darüber, daß viele Menschen heute den Bereich 0 für den einzigen halten, manchmal sogar ziemlich intelligente Leute nach den dortigen Maßstäben, die aber nichts vom Geist Gottes begreifen. Und wenn sie schon ahnen, daß es noch andere Bereiche gibt, dann wenden sie sich leider nicht an Jesus Christus, der ja für sie erreichbar wäre, sondern an die herrschenden Kreise in den Negativ-Bereichen. Manche nehmen da furchtbare spiritistische und okkulte Kontakte auf mit den Kräften bis hinunter zum Bereich -5 oder gar -6, so daß schon zu irdischen Lebzeiten ein qualvoller Zustand für sie beginnt; denn sie können dann ja praktisch keine Stunde lang mehr frei und verantwortlich über ihre Zeit verfügen, da diese Kräfte sie ständig beanspruchen und drangsalieren. Und später nach ihrem biologischen Tod werden sie dann meistens durch die geistige Gravitation recht bald dorthin mitgerissen, wo ihr Bewußtsein schon zuvor war, sehr zur Freude des obersten Negativ-Chefs im Bereich -7.«

Dummke hatte aufmerksam zugehört und war so froh, von jetzt an ohne jede Schwierigkeit im Gravitationsfeld Gottes zu sein. Er brannte nun noch mehr darauf als zuvor, Jesus Christus zu sehen und ihm zu danken. Und er ahnte bereits, daß Christus über beides mit ihm sprechen wollte, über das bisherige Verhältnis zur Quarzuhr wie vor allem über seine Zukunft, in der die Ewigkeit nun Zeit und Quarzuhr überflüssig machte.

4.3 Langeweile im Himmel?

Zeitlebens hatte Dummke immer die Vorstellung gehabt, in der Ewigkeit müßte es langweilig sein, weil es dort nichts Wirkliches zu tun gäbe. Er hatte sich sogar von verschiedenen Witzen beeinflussen lassen, die immer von Engeln erzählten, die irgendwo auf den Wolken untätig herumsitzen würden – ein Mißverständnis, das noch dadurch gefördert wurde, daß in seiner einstigen Sprache der ewige Bereich Gottes und die meteorologische Atmosphäre beide mit demselben Wort Himmel bezeichnet wurden. Jetzt schämte er sich wegen seiner früheren Kleinkariertheit. Er wußte mittlerweile, daß auf dem gleichen geistigen Niveau ein Radfahrer meinen könnte, der Beruf eines Piloten sei langweilig, weil der ja immer untätig im Cockpit sitzt und keine Pedale tritt.

Schon die Aufnahmestelle 1.49, wohin Dummke ihn begleitet hatte und wo Christus mit ihm persönlich so eingehend und liebevoll gesprochen hatte, war ja voller intensiver geistiger Aktivität. Ein großartiger Baukomplex übrigens, wo man aus Liebe zu den Neuankömmlingen einige Stilelemente ihrer gewohnten Kultur in Andeutungen übernommen hatte, wenn auch tausendmal großartiger. Hier mußten begnadete Architekten gewirkt haben, dachte Dummke, und er bewunderte die bauliche Schönheit mit ihren vierdimensionalen, schwerelosen Säulenhallen.

Nicht jedes Aufnahmegespräch verlief so wie sein eigenes. Da hier deutsch gesprochen wurde, konnte Dummke verstehen, wie einer der vielen Bediensteten aus dem Bereich 5, die diese Gespräche führten, mit einem Neuankömmling aneinandergeriet. »Haben wir nicht im christlichen Namen Großveranstaltungen durchgeführt und die gesamte Medienwelt bewegt?« brüstete er sich. Doch der Bedienstete – war es womöglich Dietrich Bonhoeffer? – antwortete eindringlich: »Die Kirche Jesu Christi ist nur da, wo sein Wort treu und ohne Kompromisse mit dem Zeitgeist verkündet und wo die zeitlose Gültigkeit der Gebote Gottes bezeugt wird. Sie ist kein Markt unverbindlicher Möglichkeiten. Haben Sie nie Matthäus 7,21–23 gelesen, Herr Kollege? Ich bin beauftragt, Ihnen mitzuteilen, daß Jesus Christus Sie nicht kennt.« Der Ankömmling wandte sich unter scharfem, immer ausfallender werdendem Protest ab und wurde, während er noch heftig redete, durch die geistige Gravitation in den Bereich -2 gezogen wie in ein Schwarzes Loch.

Dummke konnte sehen, daß nebenan die Aufnahmestelle 1.33 war. Sie sah aus wie ein großartiger Palast, der einem Loire-Schloß nachempfunden sein mochte, nur wiederum tausendfach schöner und mit viel mehr Symmetrien in den herrlichen geometrischen Ornamenten. Am Haupteingang stand in funkensprühenden Leucht-Buchstaben der Satz: »Il est le maître du temps et de l'histoire, il renverse les rois et les présidents ou les établit.« Dummke, der bislang noch kein Französisch verstand, ließ es sich von einem der dort tätigen Bediensteten übersetzen und erfuhr, daß hier der Sinn von Daniel 2,21 gemeint war: Gott ist der Herr der Zeit und der Geschichte; er stürzt Könige und Präsidenten oder setzt sie ein. Auf einmal ging ihm eine Erkenntnis auf, die zwar in der Bibel stand, die er aber nie von einem Geschichtslehrer gehört hatte. Er verstand, was in den Augen Gottes eine große Nation ist: eine solche, deren Verantwortungsträger Gott als ihren Dienstvorgesetzten anerkennen. Wo aber ist eine große Nation?

Je weiter Dummke sich im Positiv-Bereich bewegte, desto mehr staunte er über die ungeheure Vielfalt der überall herrschenden, durch die Regie aus dem Bereich Omega aufeinander abgestimmten Aktivitäten.

Einmal wurde er in einen Kreis von Urbürgern der Ewigkeit eingeladen. Das sind solche, die nie im Bereich 0, sondern schon immer in den Positiv-Bereichen gelebt haben. Gelegentlich werden sie zu Betreuungsdiensten auf die Erde geschickt, zum Wohl derer, die auf dem Weg in die Welt Gottes sind. Einer von ihnen erklärte Dummke: »Seit das erste Kapitel des Hebräerbriefs im Neuen Testament diese Art unseres Einsatzes so nett beschrieben hat, sprechen wir gerne vom Hebräer-Dienst, wenn wir erlösten Menschen zu Hilfe gesandt werden. Stets sind mehrere hundert Millionen von uns im Hebräer-Dienst – natürlich mit wechselnder Besetzung, weil das ja bei keinem von uns der einzige Einsatz ist.«

Es zeigte sich nun, daß einige der Urbürger, die noch nicht sehr weit fortgeschritten im Hebräer-Dienst waren, immer große Schwierigkeiten mit dem Verständnis der menschlichen Zeit hatten, da sie ihnen ja von Natur aus fremd war. Deshalb hatte jemand im Bereich 6 von der Fortbildungs-Zentrale für Urbürger empfohlen, dieser Kreis sollte sich einmal mit Dummke unterhalten, weil er noch frische Erinnerungen an die typischen Zeit-Fehler mitbrachte, die Menschen begehen können. Bei dieser Gelegenheit stellte sich heraus, daß einer der anwesenden Urbürger einmal vor Jahren Schutzengel von Dummke gewesen war, als er auf der Autobahn bei Glatteis zu schnell fuhr. Weil aber 2 Kilometer vor ihm in einer Kurve ein Lastwagen quer auf beiden Fahrspuren stand, war mit einem Auffahrunfall zu rechnen, und zwar mit tödlichem Ausgang. »Weißt du noch, wie ich dir damals das Leben gerettet habe?« fragte ihn der Urbürger. Und dann stellte sich heraus, daß der Engel zunächst versucht hatte, zu Dummke zu reden; jedoch ohne Erfolg, weil er geistlich abgeschaltet hatte. Dann hatte der Hebräer-Diener versucht, den Wagen zu bremsen. Dies war ihm jedoch nicht gelungen, da er sich aufgrund einer Fehleinschätzung nicht mit der genügenden irdisch-physikalischen Kraft hatte versorgen lassen. In den letzten Sekunden war ihm dann noch die Idee gekommen, Dummke einen so starken, plötzlichen Schmerz in der rechten Gesichtshälfte zu bereiten, daß er laut aufschrie und schnell den Wagen anhielt – an einer Stelle, wo dies ohne große Gefahr möglich war, da auf der Kriechspur das Glatteis mit ein paar Sandresten bedeckt war. So erfuhr Dummke erst jetzt, wozu damals die furchtbaren Schmerzen nützlich gewesen waren, und er dankte dem Urbürger herzlich für den Hebräer-Dienst.

Es entspann sich ein lebhaftes Rundgespräch. Vor allem wollten die Urbürger von Dummke wissen, was die Menschen unter Eile verstehen und wie ein Mensch zu der Behauptung kommen könnte, daß er angeblich keine Zeit hätte, obwohl Gott sie ihm als rationierte Ewigkeit ausreichend zuteilt. Schließlich kamen sie gemeinsam zu dem Ergebnis, daß Eile und Hetze diejenige Form der Abwendung eines Menschen von Gott ist, bei der er seinen Zeit mit anderen Inhalten zu füllen sucht als denen, die Gott für ihn vorgesehen hat. Dummke verstand, daß die Gesundung seines früher so kranken Zeit-Bewußtseins letztlich nicht in Techniken zur Zeit-Raffung liegen konnte, sondern in der Rückkehr zu Gott und einer tiefen Geborgenheit in seinem Maß für Zeit und Ewigkeit.

Einer der Urbürger erzählte Dummke, daß er an jenem Tage Hebräer-Dienst für ihn verrichtet hatte, als Dummke zum erstenmal das Largo von Händel mit Quietsch-Geschwindigkeit abgespult hatte. »Ich habe damals geweint«, berichtete der Engel, »denn gerade dieses Largo ist eines der wenigen Werke menschlicher Musik, die wir im Bereich 1 gelegentlich für die Neuankommenden ertönen lassen, vor allem auch in den Aufnahmestellen 1.49 und 1.44.« Und um Dummke zu zeigen, was himmlische Musik ist, nahm er ihn mit in den Bereich 6, wo beide den großen Hymnus-Chor hören konnten. Dort wurde eine Poly-Doxo-Phonie für 144 Stimmen geprobt, von denen jede von tausend Sängern gesungen wurde. Sie waren so ausgewählt, daß sie die verschiedenen Völker, die verschiedenen Epochen der irdischen Geschichte und auch die verschiedenen Teile des Reiches Gottes harmonisch und angemessen vertraten. Dummke mußte daran denken, daß der Seher von Patmos ja auch schon einmal vom Geist hierher gebracht worden war und eine Probe dieses Chores der Hundertvierundvierzigtausend miterlebt hatte. »Aber an dem Text und an der Musik wird noch immer weiter gearbeitet«, sagte der Engel. »Jetzt ist er bereits in zweitausend Sprachen gleichzeitig singbar; aber das ist noch nicht die endgültige Form.«

Dummke war überwältigt von dieser Musik, obwohl ihm klar war, daß er vorerst nur einen kleinen Teil dieses ungeheuren Frequenzbereichs vernehmen konnte und daß sein geistliches Bewußtsein bislang noch bei weitem nicht alle Harmonien dieser Musik bewältigen konnte.

Er sah umfangreiche Bauarbeiten, vor allem in den Bereichen 1 bis 4. Denn Jesus Christus, so wurde ihm erklärt, hat nach seiner Rückkehr aus dem Bereich 0, als ihm die Menschen noch näher waren als zuvor, umfangreiche Anweisungen gegeben, wie hier die Stätten für die Erlösten vorzubereiten sind, und so hatte er es ihnen bereits zugesagt.

Dummke hörte von Vorbereitungen für einen neuen Bereich 0, eine neue Schöpfung. Die Rede war von einem genetischen Code mit sieben statt der bisherigen vier molekularen Bausteine und einem viel größeren Formenreichtum, als ihn die alte Schöpfung kannte. Und er staunte, wie viele begnadete Geister aktiv an diesen Arbeiten beteiligt waren. »Warum macht Gott das nicht allein?« fragte er einen eingeweihten Urbürger. Die Antwort war verblüffend: »Gott delegiert viel. Es ist ein Fehler der Menschen, daß sie oft etwas nicht delegieren wollen, wenn sie es selbst gut können.«

Dummke hörte von umfangreichen Zukunftsplanungen für die individuelle, die globale wie auch für die Heilsgeschichte Gottes und mußte daran denken, daß man dem Seher von Patmos, als er hier zu Gast war, schon einen kleinen Einblick ermöglicht hat in das, was damals geplant wurde. So dynamisch erfüllt und geistig aktiv war das Leben in der Ewigkeit, daß ihm im Rückblick das frühere Leben im Bereich 0 fast als verarmt und langweilig erschien.

4.4 »Meine Zeit steht in deinen Händen« (Psalm 31,16)

Unter allen Bibelworten, die vom Umgang mit der Zeit handeln, ist dieser Satz des Psalmisten wohl der bekannteste. Hier kommt die Haltung eines im Glauben gereiften Menschen zum Ausdruck, der weiß, daß er mitten im Leben – in normalen wie in außergewöhnlichen, in friedlichen wie in lebensbedrohlichen Situationen, wenn seine Feinde ihn bedrängen, sich einfach der Hand Gottes anbefehlen darf. Daß er so Schutz, Geborgenheit und Einhaltung der von Gott gesetzten Eckdaten für den Ablauf seiner persönlichen Lebenszeit erwarten kann und daß dann das Ende seiner irdischen Lebenszeit nicht durch die Mordabsichten seiner Feinde, sondern durch die liebevolle Planung Gottes bestimmt wird.

Wir heutigen Menschen können gewiß nichts Besseres tun, als uns dieser Glaubenshaltung des Psalmisten anzuschließen. Gerade die persönliche Bestandsaufnahme im Hinblick auf unseren Umgang mit der Zeit und der Unmöglichkeit einer auf Dauer zufriedenstellenden Lebens-Zeitplanung ist dazu geeignet, uns zu der radikalen Frage nach Gott als dem Sinngeber menschlicher Existenz zu bringen. Wenn er aber erst einmal die sinngebende Mitte meines Lebens geworden ist, dann wird der sehnliche Wunsch, meine Zeit in seine Hände zu stellen, auch das Leitmotiv aller meiner konkreten Zeitplanung werden.

Was aber heißt es praktisch, wenn meine Zeit in Gottes Händen steht? Zu der Antwort darauf gehören gewiß die folgenden vier Erkenntnisse:

1. Die Spanne meines Lebens ist mir von Gott gegeben

Er hat das Datum meiner Geburt und das meines Todes

festgesetzt. Ich bewege mich also jetzt in dem von ihm für mein irdisches Leben vorgegebenen Zeitintervall zwischen diesen beiden Punkten. Für beide Eckdaten darf ich Gott dankbar sein; denn er hat sie in liebevoller Absicht gewählt und damit eine höchst persönliche, individuelle Berufung an mich verbunden. Er hat ein Lebensprogramm für mich vorgesehen, das genau in diesen Zeitrahmen hineinpaßt. Ich darf daher damit rechnen, daß Gott, wenn ich mich bewußt von ihm führen lasse, darin die Weichen richtig für mich stellt, daß er also die einzelnen Lebensabschnitte innerhalb seines Gesamtplans für mich gewissermaßen termingerecht beginnen und enden läßt: Kindheit, Schulzeit, Berufsausbildung oder Studium, die einzelnen Abschnitte der familiären und der beruflichen Entfaltung wie des Alters und nicht zuletzt Beginn und Ende jeder bestimmten Tätigkeit, die einer besonderen, größeren Aufgabe entspricht. Und immer, wenn es sich zeigen sollte, daß Gottes Zeitpläne dabei andere sind als der, den ich mir vorgenommen oder den ich gewünscht hatte, wird mir diese Erkenntnis helfen, mich von ihm korrigieren zu lassen, statt etwa grollend an eigenen Zeitvorstellungen festzuhalten. Denn meine Zeit steht nicht in meinen eigenen, sondern in Gottes Händen.

2. Gott beschenkt mich reichlich mit Zeit

Denn es entspricht seinem Wesen, seine Gaben großzügig zu bemessen. Meine vermeintliche gelegentliche Zeitknappheit beruht darauf, daß ich die von Gott geschenkte Zeit falsch einteile oder mit Inhalten zu füllen suche, die von ihm für mich nicht bzw. nicht jetzt vorgesehen sind. Gott schenkt die Zeit zum Umgang mit ihm selbst, und er schenkt mir auch die Weckeruhr, die ich vielleicht benötige, um diese Zeit nicht zu verpassen. Dazu gehören dann der Dialog im Gebet, die Begegnung mit Gott in seinem Wort, die Tagesplanung in der Offenheit für sein Programm ebenso wie die praktizierte Gemeinschaft mit anderen, die auf dem gleichen Weg mit Jesus Christus sind und von deren Erfahrungen mein Glaube gestärkt wird.

Gott schenkt Zeit für den aktiven Einsatz für seine Sache in dieser Gesellschaft. Nicht alle Nöte, von denen ich erfahre, kann ich als eigene Aufträge verstehen, zumal dies zu einer hoffnungslosen Verzettelung führen würde. Wenn ich aber die Formen der Mitarbeit bejahe und treu wahrnehme, die ich nach persönlicher Führung, vorhandener Gaben und aufgrund der Berufung oder Einladung durch die zuständigen Menschen als von Gott für mich vorgesehen erkennen kann, dann wird er mir die dafür erforderliche Zeit schenken. Je zeitsparender und effizienter ich dabei mit der Zeit Gottes umgehe, desto mehr wird er sie mit solchen Aufträgen zu seiner Verherrlichung erfüllen können.

Gott schenkt Zeit zur beruflichen Arbeit. Nicht gehetzt und mit Unlust werde ich sie wahrnehmen, sondern als einen Teil des Gottesdienstes, also des Dienstes für Gott, den mein Leben nach seinem Willen darstellen soll, als Gelegenheit, im Auftrag Gottes Gutes zu tun im Umgang mit Menschen und Dingen, materiellen wie geistigen. Und sollten solche Dienstleistungen gelegentlich aus Liebe zu einem Menschen einmal über die vorgesehene Uhrzeit hinaus erforderlich sein, so werde ich mit der reichlich von Gott empfangenen Zeit gerne freigebig sein, ohne dabei wiederum höhere Zeit-Prioritäten in der betreffenden Stunde zu vernachlässigen oder mich für unwichtige Zwecke von anderen ausnutzen zu lassen.

Gott schenkt die Zeit für lebenslange Weiterbildung, also für den systematischen Umgang mit solchen geistig-kulturellen Inhalten, die für mich interessant und zugleich in einem positiven Sinn förderlich sind. Nicht »Unterhaltung« durch fragwürdige, zeittötende Fernsehprogramme oder illustrierte Zeitschriften ist gemeint, sondern das eine oder andere gute Buch, der Besuch von Abendkursen oder anderen kulturellen Veranstaltungen auf hohem Niveau; überhaupt die bewußte Pflege der eigenen Weiterentwicklung. Wer sie betreibt, der bleibt selbst im Alter vor vorzeitigem Verfall und vor jener Horizont-Schrumpfung bewahrt, die bei manchen leider schon bald nach ihrem letzten Schultag einsetzt.

Gott schenkt Zeit für das Zusammenleben in der Ehe und Familie, für fröhliches Gespräch und Spiel mit den Kindern, für bestimmte gemeinsame Mahlzeiten, auch wenn diese vielleicht nicht immer möglich sein sollten.

Gott schenkt Zeit für Erholung und Entspannung in dem von ihm gewollten Zeit-Rhythmus. Selbst wenn mir für Spaziergänge oder Sport, für Urlaubsreisen in interessante fremde Länder oder für kürzere Fahrten in schöne Landschaften nur begrenzte Zeit zur Verfügung steht, wird es an mir liegen, ob ich diese Zeiten terminlich gut plane und dann auch wirklich entspannt wahrnehme, ob ich also stunden- und tageweise die übrigen Probleme emotional »vergessen« kann. Dann werde ich selbst von einer kurzen Phase solcher Erholung fasziniert sein und einen wertvollen Gewinn an neuer Kraft daraus schöpfen.

3. Ich bin vor Gott verantwortlich für den Umgang mit meiner Zeit

Da sie ihm gehört, sollte ich mit ihr in jeder Beziehung aus meiner totalen Abhängigkeit von ihm heraus umgehen, also nicht eigenmächtig oder gierig, sondern in Hingabe an ihn und in tiefer geistlicher Gelassenheit. Mehr noch als auf anderen Lebensgebieten läßt sich nämlich an meinem Umgang mit der Zeit ablesen, wie es mit meinem Glauben an Gott, mit meiner Hingabe an ihn, mit meiner Prägung durch seine Herrschaft wirklich steht. Denn mit dieser Prägung kommt ein Abglanz der Klarheit und wohltuenden, harmonischen Ordnung Gottes in den Alltag eines Menschen hinein. Daß wir »einen Geist der Kraft und der Liebe und der Zucht« (2. Tim 1,7) und nicht des Chaos haben, das sollte bei einem Menschen, der an Jesus Christus glaubt, nicht nur an seiner Disziplin beim Essen und Trinken, nicht nur an der Art, wie er seine Haare oder Fingernägel behandelt, nicht nur daran, wie er sein Geld einteilt, nicht nur am Zustand seines Schreibtischs oder Kleiderschranks erkennbar sein, sondern ganz besonders auch an der Sorgfalt, mit der er seine Zeit verwaltet, seine Terminzusagen pünktlich einhält und – soweit es an ihm liegt – einen geordneten Ablauf seiner Tage gestaltet.

Es gehört zu den beglückenden Erfahrungen eines Lebens mit Jesus Christus, daß bei solcher Bereitschaft von unserer Seite für uns schrittweise der Zeitplan Gottes erkennbar wird. Soweit wir gehorchen, wächst bei uns die ungeheuer frohmachende Gewißheit, daß er tatsächlich einen guten Plan für jeden seiner Nachfolger bereithält, den wir Schritt für Schritt finden und erfüllen sollen. Dann kommt in den Gang unseres Lebenslaufes etwas von der Zielstrebigkeit und sinngebenden Liebe Gottes hinein, die weit über alle jene Möglichkeiten hinausgeht, die eine eigenmächtige Lebensplanung ohne Gott jemals erreichen könnte. Der Glaubende, der sich bewußt von Gott führen läßt, darf jeden Tag, jeden Monat, jedes Jahr gespannt darauf sein, was Gott an Neuem mit ihm vorhat.

4. Gott schenkt erfüllte Zeit

Zugegeben: Die ganz besonderen Höhepunkte in unserem Leben, die herausragenden Ereignisse, mögen nicht jeden Tag stattfinden. Es gibt selbstverständlich auch Tage, an denen vielleicht nur hundert kleine Dinge zu erledigen sind, die sich schon tausendmal wiederholt haben. Im Beruf gibt es neben faszinierenden Projekten oft auch Routinearbeiten, die nicht besonders interessant sind. Ebenso ist es mit den vielen kleinen Notwendigkeiten im Alltag: Warten auf den Bus, Gang zum Postschalter, Fahrt zur Autowerkstatt, Einkauf im Supermarkt usw. Dennoch bleibt zu betonen: Ein mit Gott gelebtes Leben wird stets etwas von dem Geheimnis der erfüllten Zeit erfahren. Der Tagesbeginn mit Gott in der Stille gibt dem ganzen Tag seine Dynamik und Erfüllung. Denn die bewußt erlebte Nähe Gottes prägt den ganzen Tag hindurch das Zeitbewußtsein eines in Gott geborgenen Menschen. Die kleinen Dinge werden so Teil des sinnvollen, viel größeren Ganzen, und ich erlebe sie als solche.

Die tägliche Begegnung mit Gott und seinem Wort in der Stille und im betenden Dialog wie im Gottesdienst der Gemeinde am Sonntag und vielleicht in einem Bibelkreis am Mittwoch – all dies wird, wenn es geistlich echt ist, die Woche hindurch ein Bewußtsein der Sinngebung vermitteln, das eben nicht aus den vordergründig sichtbaren Ereignissen, Dingen oder Notwendigkeiten stammt.

Aber Gott wird dafür sorgen, daß auch wirkliche Höhepunkte im Ablauf unserer Zeit geschenkt werden: Augenblicke, in denen er seine Liebe zu einem Menschen, seine gütige Hilfe, seine begleitende Zuwendung an ihn wie seine vergebende Barmherzigkeit unmittelbar zu erkennen gibt.

Wenn meine Zeit in Gottes Händen steht und immer wieder bewußt seiner Herrschaft unterstellt wird, dann schenkt Gott mir ein erfülltes, ein überaus sinnvolles Leben. Dann ordnet sich jede der erwähnten Kleinigkeiten im Alltag so in das Ganze des Lebens ein wie ein Mosaikstein, der mit Tausenden von anderen zusammen ein sinnvolles, großartiges Ganzes ergibt.

Der Grad der augenblicklichen Bewußtheit für diesen Zusammenhang mag in verschiedenen Situationen ganz unterschiedlich sein. Wenn in einer Sternstunde der Liebe zwei Menschen den Bund für das Leben miteinander schließen, dann werden sie dies unmittelbar als großartige Erfüllung empfinden.

Wenn jemand eine Berufung empfängt, die ihn vielleicht für viele Jahre mit einer wichtigen Aufgabe betraut, dann wird er dabei ein Bewußtsein der Erfüllung haben.

Beim erstmaligen Anblick der Gletscher Islands oder der Farbenpracht Hawaiis wird jeder, der nicht abgestumpft ist, diesen Tag als einen besonderen Höhepunkt in seinem Leben empfinden. Das gleiche gilt für Augenblicke und Tage, an denen Gottes Handeln im persönlichen Bereich für uns zu Schlüsselerlebnissen, vielleicht zu entscheidenden Weichenstellungen führt, bei denen wir sein an uns gerichtetes Handeln und Reden spüren.

Bei vielen anderen Gelegenheiten jedoch mag es weniger um das direkte als vielmehr um das mittelbare Bewußtsein dieser Erfüllung gehen. Selbst in Phasen der Dürre, an Tagen ohne besonders herausragende Ereignisse oder Erlebnisse bleibt mir dann das Bewußtsein, daß Gott bei mir ist und meiner Zeit den von ihm gesetzten, tiefen Sinn gibt. Nicht zuletzt deshalb, weil jeder Tag für den Glaubenden ein Schritt in Richtung auf die bevorstehende herrliche Ewigkeit Gottes ist. Bei einer Bahnfahrt zu einem ganz wichtigen Zielort kommt es nicht darauf an, ob jeder einzelne Bahnhof, ob jeder Streckenabschnitt, für sich allein betrachtet, besonders bedeutungsvoll ist. Wenn aber meine Zeit in Gottes Händen steht, wird die Reise durch das Leben mit all ihren Phasen und Zwischenstationen dadurch unendlich sinnvoll, daß sie auf das von ihm gesetzte, herrliche Ziel hinführt, wo die Zeit in strahlende Ewigkeit übergeht.

4.5 Ein Zeit-Gebet am Morgen

Herr, ich danke dir heute morgen für diesen Tag und für die Zeit, die du mir schenkst. Ich möchte sie bewusst in deine Hände stellen; denn ich weiss, dass sie dir gehört, und daher möchte ich sie so gestalten, wie es zu deiner Verherrlichung dient.

Erfülle du mich heute den ganzen Tag hindurch so mit deiner Liebe und deiner leitenden Kraft, dass der Rhythmus dieses Tages bei mir von deiner fruchtbaren Dynamik geprägt ist. Zeige mit bitte ganz konkret, was ich heute für dich tun soll! Herr, hilf mir, die Minuten und Stunden des heutigen Tages so verwenden, wie es deinem Willen entspricht! Lenke und motiviere, Herr, meine Gedanken, Gefühle, Worte und Taten! Lass mich das Wichtige erkennen und mit Hingabe tun und lass mich zugleich das Eilige liebevoll, flott und termingerecht erledigen! Schenke mir den Blick und die Kraft dafür, heute alles Böse zu meiden – wie überhaupt alles, was deinem Tagesprogramm für mich widersprechen würde!

Schenke mir die Art von Erholung und Entspannung, bei der äussere und innere Kräfte in mir nicht belastet, sondern erneuert werden und mein Verhältnis zu dir nicht stundenweise unterbrochen oder gar verunehrt wird!

Gib, dass ich heute keinen Menschen durch Mangel an Nächstenliebe oder an Zeit-Disziplin warten und damit kostbare Zeit verlieren lasse!

Schenke mit die kindliche Geborgenheit in dir, jene heilige Gelassenheit, die aus der ständigen Verbundenheit mit deinem Sohn erwächst, und die dynamische, kraftvolle Inspiration durch den heiligen Geist, die mich vor Hektik, Illusion und falschem Einsatz ebenso bewahrt wie vor Trägheit, Resignation und Leerlauf!

Lass, Herr, in meinem Leben den heutigen Tag einen zielbewussten Schritt in Richtung auf deine Ewigkeit sein, die bereits so spürbar und herrlich am Horizont leuchtet, und schenke es mir, dass ich mich froh und mit leichtem Herzen von dieser Zeit lösen kann, falls du für mich im Lauf der nächsten 24 Stunden den Abschied von hier und den Eingang in deine Herrlichkeit vorgesehen hast! Amen.

ANHANG: ZUR TERMINOLOGIE DIESES BUCHES

Die Sprechweise des Verfassers verwendet in diesem Buch bewußt Begriffe, die entweder neu geprägt sind oder abweichend von anderen Autoren definiert werden. Dazu gehören insbesondere:

Absicht: (Möglicherweise vage) Vorstellung von eigenem künftigem Handeln

BELBA: Bevorzugte Erledigung lustbetonter Aktivitäten

EUROPA: Energie zur Umsetzung realistisch organisierter Pläne und Absichten

KLEPF-Test: Selbstkritische Prüfung eines Tagesablaufs auf Konzentration, Lebensführung, Essen/Trinken usw. Plandisziplin und flüssige Zeit-Dynamik

Lebensprogramm: Zukunftsentwurf eines Menschen, der sich aus konsequenter Umsetzung seines Lebensziels ergibt. Für den an Christus Glaubenden gehört dazu die bewußte Bereitschaft, sich vom/durch den Willen Gottes führen zu lassen.

Plan/Planung: Entscheidung über den konkreten zeitlichen Ablauf künftiger Vorgänge. Durch Planung werden Absichten meist zunächst in nichtterminierte, diese schließlich in terminierte Vorhaben umgesetzt.

Sponti: Jemand, der Zeitplanung als Eingriff in seine Spontaneität ablehnt.

Termin: a) Nach Datum und Uhrzeit feststehendes Ereignis, an dem der Planende beteiligt ist. b) Dem Datum nach feststehendes Ereignis, an dem der Planende mit größerem Zeitaufwand (meist Anreise) beteiligt ist.

VODE: Verhalten mit optimaler Disziplin und Effizienz

Vorhaben: Dem Inhalt nach klar konkretisierte, sprachlich formulierte Handlungsabsicht, bei der für den Planenden jederzeit feststeht, ob sie bereits ganz oder teilweise stattgefunden hat.

nichtterminiert oder

terminiert heißt ein Vorhaben je nachdem, ob das Datum seiner Verwirklichung bereits geplant ist oder nicht.

VULBA: Verschiebung unlustbetonter Aktivitäten

Ziel: Bewußt bejahte langfristige Ausrichtung, etwa im Hinblick auf Familie, Beruf, Bildung, Politik usw., vor allem für das Leben als Ganzes.

hänssler

Bodo Volkmann

Wo ist Wahrheit?

Tb., 80 S.,
Nr. 70.583, ISBN 3-7751-1488-2

Gibt es wissenschaftliche Grenzen auf der Suche nach letztgültiger Wahrheit? In vier Abschnitten geht der Autor auf diese zentralen Fragen ein und nimmt eine Standortbestimmung vor:
- Nach Wahrheit fragen
- Wahrheit und Toleranz
- Aus der Wahrheit handeln
- Wahrheit und soziale Verantwortung

Gerade der heutige Intellektuelle, der die Grenzen wissenschaftlichen Denkens kennt, kann die letztgültige Wahrheit finden, wenn er ehrlich danach sucht.

Bitte fragen Sie in Ihrer Buchhandlung nach diesem Buch!
Oder schreiben Sie an den Hänssler-Verlag, Postfach 1220, D–73762 Neuhausen-Stuttgart.

hänssler

Dieter Theobald

Aus der Stille leben

Pb., 60 S.,
Nr. 71.273, ISBN 3-7751-1074-7

Dieter Theobald erklärt, was Stille ist, was man durch Stillesein erleben kann und wie der oft schwierige, jedoch nicht unbegehbare Weg in die Stille aussieht.

Aus dem Inhalt:

- Auf dem Weg in die Stille
- Stille und Lob
- Stille und Stärke
- Stille und Reden Gottes
- Stille und Geduld
- Stille und Führung
- Sehnsucht nach Stille

Der Autor ermutigt, die Zusagen der Bibel für sich persönlich in Anspruch zu nehmen.

Bitte fragen Sie in Ihrer Buchhandlung nach diesem Buch!
Oder schreiben Sie an den Hänssler-Verlag, Postfach 1220, D-73762 Neuhausen-Stuttgart.